U0010343

行！來去拜拜

一〇一座台灣香火鼎盛的廟宇

Let's go to
the Temple

禿鷹——著

晨星出版

常民信仰的故事

拜拜，是台灣人生活的大事。順要拜、不順要拜，開工拜、入厝拜，初一十五拜，逢年過節也要拜，總之有拜有保庇。各地廟宇是早年村里生活的重心，想啖美食、看陣頭、找人談天說地去廟口準沒錯，居民排解糾紛，也會請神明主持公道。現代人則喜歡遍訪古剎名寺觀光覽勝，順道參拜。無論是問神、求財、祈福、解籤、還願、轉運、安太歲、點光明燈、祝願考試順利、早生貴子、闔家平安、風調雨順，大小廟宇成了我們安頓身心的好所在。

台南寺廟眾多，出身鄉里的添財從年輕時就敬重神佛，對各宗教積極參與。從政以來，備受宗教界支持相挺，滿心感謝。參選期間，我總會安排廟宇行春，也因此台南縣市大小廟宇走透透，自認是拜拜達人，但碰到禿鷹兄仍得甘拜下風。他以軟體設計長才為歸仁區仁壽宮設計網路廟宇，完全按照民俗禮節規劃，可以線上問卜、點光明燈、安太歲、拔智慧毛，引發轟動。之後他成立拜拜網，提供全國最完整的廟宇資訊供信徒查詢；還藉用拜拜網的旺盛人氣，設立選舉快報和討論區，邀請全民參與政治，真可說家事、國事、神明事，事事關心。

如何選擇適合自己的廟宇？去廟裡該欣賞什麼？到哪裡拜？要怎麼拜？相信現在很多年輕朋友已經不甚明白，添財樂見禿鷹

兄與晨星出版公司合作，出版拜拜地圖指南——《行！來去拜拜——101座台灣香火鼎盛的廟宇》，為大家指點迷津。本書扼要介紹各大廟宇的沿革特色、信仰故事，窺探箇中民俗、歷史、文化精髓，讓您不只看熱鬧也懂門道。歡迎走進書中，來一趟福氣之旅。

　　　　立法委員、前台南市長　　　　許添財

相信的力量

　　從小就是喜歡新奇的東西，好好的新東西常常被我拆得七零八落，而且也不一定組合得回去，拆壞了再拆別的。大約18歲那一年第一次接觸到Apple II 後，就與電腦資訊完全脫離不了關係。也因為職業的關係，跟傳統宗教的距離好遙遠。

　　每年的天上聖母遶境，父親一定隨行，也參與廟宇的轎班。這件事我心中總是納悶，心裡總認為父親好迷信。父親過世前，才終於知道，原來那是父親為我向神明許下的願——

　　在我小時候，曾經從二樓階梯摔落，當時後腦勺直接重擊階梯直角，因此腦震盪，昏迷不醒。父親抱著我直奔當時最大的醫院，但醫院拒收，只好再跑了好幾家醫院，結果還是拒收。父親只能把我抱回家，失望之餘，看到牆壁上一幅天上聖母的畫像（那是大天后宮天上聖母遶境分發的紙畫像），於是父親拿起二個銅板當筊杯，請問天上聖母：
可以救救我的小孩嗎？
一次聖筊。
我的小孩真的有救嗎？
二次聖筊。
我的小孩真的有救嗎？
三次聖筊。
父親心中很不解，醫院都不收了，有可能嗎？繼續問：我的小孩真的有救嗎？
再次聖筊……

　　後來總共連續16次的聖筊。父親想了一想，再抱著我，跑到附近的一家小診所。他向醫師求救，醫師卻說：「這個應該沒有救了，我的小孩也曾腦震盪，雖然救活了，但你的小孩太嚴重了。」父親說：「不管用什麼方法，請您救救小孩。」

醫師考慮後說：「那好！我會用3倍的藥劑量，不過如果真的有醫好，會變成白癡的機率有9成。」

父親回答：「只要能救活，都無所謂。」

天一亮，父親趕忙跑去大天后宮，正式向天上聖母許願：如果我的小孩能救活，我願每年媽祖遶境跟隨。就這樣醫治了一個月，有一天我醒了，並痊癒了，而且沒有變成傻子！

到現在，我後腦勺撞到階梯的那條橫過後腦勺的癒痕仍然清晰可見。雖然得知了發生在我身上的神蹟故事，但我仍然未去接觸任何廟宇，每天就是寫著程式。傳統宗教文化與我的距離，一樣，好遙遠！

直到民國八十八年，與歸仁仁壽宮羅秋川主委接觸後，得知羅主委想建設網路祭壇、線上安太歲、光明燈等網路拜拜的功能時，讓我覺得好瘋狂。神明真的可以透過網路的力量展神威嗎？當時心中的確抱著懷疑的態度接下案子。當然當時接下案子，也是得到仁壽宮主祀神明保生大帝三聖筊的許可。

經過幾個月的努力，整個網站終於完成，也向大道公說明網站已經完成，我個人也會誠心測試求籤成果，求大道公讓網站順利測試成功。然後，我正式在電腦的網路祭壇求籤，問自己的身體健康狀況，求完籤，再拿解籤簿來看，看了突然頭皮發麻，解籤上說明了要注意胃病。從小個人就是一直受胃病所困擾，這是我遇到的第二次神蹟，也許是巧合，也許只是或然率。但是已經開啟了我對傳統宗教文化的探索，也了解到廟宇文化的美。

接下來，不囉唆，就讓我們一起來看看《行！來去拜拜——101座台灣香火鼎盛的廟宇》。

目次

中區

跟著本書
——行！來去拜拜

在台灣，內政部有登記的廟宇就超過一萬二千多家，沒有登記的私人廟宇甚至超過登記有案的寺廟，這麼多的廟宇之中，如何找到最適合的廟宇？本書整理出台灣網路搜尋度最高、詢問度最熱的101座廟宇，提供您最快速的參拜指引。

為了探索出這101座廟宇的搜尋度這麼高的原因，筆者從北、中、南、東，繞了台灣一圈，實地拍攝、訪問並深入了解，然後再整理出每座廟宇的沿革、特色和小故事。本書的廟宇沿革簡介，大都摘錄自原廟宇的刊物，在介紹各廟宇奉祀神明時，也忠於原廟宇對主副祀神明的尊稱，並盡量將文辭簡化，以最少、最簡單的文句說明。

人們來到廟宇求神拜佛、燒香祈求，心中一定有一個希望，或者對某些事有所彷徨，亦或是事情有所阻礙。為了讓讀者能快速的找到自己最需要、最適合參拜的廟宇和神明，本書除了以區域索引排序之外，在「如何選擇適合的廟宇」中，也以「所要祈求的心願」歸納出神明和廟宇，將之分類提供迅速索引，並依「祈求心願」歸納出求財富、事業、姻緣、子女、健康、考運、功名、官司、消災解厄、做十六歲、國泰民安、幸福美滿等祈福目標，讓讀者能藉由該索引迅速尋找適合參拜的神明及廟宇。

本書將每座廟宇以沿革簡介、信仰特色、香火鼎盛的故事、必拜特色、必看慶典、主副祀神明聖誕日以及地圖指引等七個面

向，用最簡短、最快速的方式說明供讀者參考。若讀者覺得資訊仍然不能滿足，那麼本書的最大重點來了！在101座廟宇中都有附上一個QRCode二維條碼，在智慧型手機裡下載可以掃描QRCode的APP，然後對準QRCode一掃，即可迅速連結拜拜網的廟宇即時資訊，拜拜網會隨時更新廟宇的最新動態，並有每座廟宇的影片介紹。這是第一本將傳統書籍結合網路，讓讀者能隨時掌握最新資訊及動態的廟宇指引！

接下來，讀者最在意的應該就是「怎麼拜最有效」？將台灣廟宇繞了一圈，聽過無數的神蹟故事，參考各廟宇沿革、宮誌、農民曆、月刊之神明顯靈救人事蹟後發現，最有效的拜拜方式除了遵循禮節儀式之外，更有效的是「心誠」。所有神蹟都是因為「心誠」而感動天、感動神明。

所以怎麼拜最有效？「心誠則靈」。

101

台東天后宮

▲台東天后宮鎮殿天上聖母

可看這座廟宇
在何時創建

● 創建年代：清光緒十七年（西元1891年）

簡介廟宇的沿革

● 沿革簡介：原廟地址建於現台東市和平街之東禪寺，日治昭和五年（西元1930年）因地震龜裂，決定遷建。由善士吳錦麟先生捐出現址一千六百餘坪土地，地方聞人林舍、陳冬路、賴金木、張宜春、林江寧等人，向全省各地信徒籌募經費。建於今中華路現址；歷時三年，昭和八年落成。

民國三十四年台灣光復後，賴金木等發起募捐將廟宇重予整修，民國三十七年三月完工。

▼台東天后宮

呈現精彩的
廟宇圖像

284

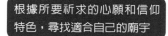

根據所要祈求的心願和信仰
特色，尋找適合自己的廟宇

重點提示來此
必拜的特色

【信仰特色】

　　每年的「元宵繞境」是台東天后宮的重頭
戲，每年參加遊行的不同廟宇隊伍數，平均約
在七十隊左右；除了傳統的神轎外五營及七
爺、八爺、三太子、電音五營陣、藝閣、花
車、龍陣、獅陣、宋江陣、家將團、官將首、
八家將、八仙藝陣、鍾馗藝陣、班頭陣、花籃
陣、高蹺陣、跳鼓陣、大鼓陣、車鼓陣、鬥牛
陣、蜈蚣鼓、響天鼓、震天鑼等各種陣頭都會
在遊行的隊伍中出現，是極富有歷史價值的傳
統民俗文化。

【香火鼎盛的故事】

　　「炮炸寒單爺」是早期元宵節時特有的民
俗活動，寒單爺是掌管天下四方財庫的武財神
趙公明。相傳寒單爺怕冷，所以當寒單爺出巡
時，信眾們會以火炮幫寒單爺暖身。民國
九十六年「炮炸肉身寒單爺」的活動，臺東縣
政府公告為「具文化資產保存價值」，是元宵
節來臺東時必看的表演。

▲台東天后宮太歲殿

必拜
特色

▲殿內文昌帝君

媽祖庇佑、古老民俗文化傳統之延
續流傳

必看慶典

・農曆三月二十三日媽祖聖誕慶典
・元宵節「諸神繞境」、「炮炸寒
　單爺」

找廟地圖

主、副祀神明聖誕日（農曆）

天上聖母：三月二十三日　註生娘娘：三月二十日
福德正神：二月二日　觀音菩薩：二月十九日
文昌帝君：二月三日

地址：台東縣台東市
中華路一段222號
電話：089-310120

台東市　台東天后宮

主
祀神明
天上聖母

副
祀神明
註生娘娘・福德正神・觀音菩薩・文昌帝君

快速索引邊欄設
計，容易查找廟宇
和主、副祀神明

此廟宇最盛大
精采的慶典提示

找廟地圖提供
主、副祀神明的
聖誕日以及指引
地圖

QR Code條碼方便
讀者以智慧型手機
查詢相關資訊

導言

人們來到廟宇求神拜佛、燒香祈求，心中一定有一個希望，或者對某些事有所彷徨，亦或是事情有所阻礙。為了讓讀者能快速的找到自己最需要、最適合參拜的廟宇和神明，依「祈求心願」歸納出求財富、事業、姻緣、子女、健康、考運、功名、官司、消災解厄、做十六歲、國泰民安、幸福美滿等祈福目標，讓讀者能藉由該索引迅速找到適合參拜的神明及廟宇。

台灣廟宇與科技
跨時空結合起源

當廟宇遇見科技

　　傳統宗教文化一般都十分的保守，寺廟的住持或者管委會的委員們，通常也都是地方耆老，所以對於現代化科技都比較不熟悉，宗教信仰的傳播也都是以刊物為主，想要說服委員們了解為何需要製作網站，是個非常艱鉅的過程。就算只是要製作很單純的文字網頁都很困難，更何況是把祭拜過程、安太歲、點光明燈、拔智慧毛、問神求籤擲筊等完全搬上網路！這種想法在民國八十七年的時空背景，簡直是瘋狂的行為，甚至有些長者認為這是對神明的大不敬。

　　因為某次因緣，從電腦資訊業同行得知「仁壽宮」正在著手規劃虛擬實境網路廟宇，但是還找不到可以開發的電腦資訊公司。筆者當時對於宗教信仰仍是處於「鐵齒」狀態，所以聽到這個消息，腦海頓時浮現的只有三個字：「不會吧！」

　　在好奇心的驅使下，前往「仁壽宮」一窺究竟，在剛接任主委的羅秋川先生解說之下，了解羅主委的用心，也得知了羅主委正在攻讀碩士；也就是日後媒體常常報導的「學歷最高的碩士廟公」，也因為羅主委的創新想法，開全球宗教界之先例，不但把宗教信仰訊息以及和信徒之間的互動，都透過網路達成傳播和接收的功能。利用網路祭壇讓信徒可以不分國界參拜神明、網路祈福等，此舉引起宗教界譁然。推廣之初曾受到不小的阻力，筆者亦接過長者的責備電話。

在負責開發設計的團隊努力之下，民國八十八年虛擬實境網路廟宇正式上線(www.renshow.org.tw)，立即引起各大媒體爭相報導，世界各地信徒一時間大量湧入祭拜，導致網路大塞車，也讓伺服器主機無法負荷，還好迅速調借八台伺服器和網路頻寬分流，才讓每一個信徒能順利在網路參拜、求籤。

歸仁仁壽宮網路祭壇

經過了整個大旋風之後，開發團隊也接到了其他廟宇的詢問電話，並詳細地問了開發團隊的製作過程、時間以及費用。筆者心中雀躍不已，直覺生意上門了，然而在溝通完之後，廟方卻以「我們會找人設計出比你們更完整的網路廟宇」做為結語，結實地讓我傷心了一下下。但是值得慶賀的是，網路電子廟的新世代自此正式啟動。

民國一百零一年，臉書及智慧型手機早已經風行全球，筆者對「仁壽宮」網路祭壇進行改版，首先結合臉書，讓信徒隨時可以按讚分享，再讓線上求籤自動產生QRCode條碼，信徒求完籤後，可以用智慧型手機掃瞄QRCode條碼，儲存於手機，進行線上解籤。筆者將各種可以推廣宗教信仰的新工具一一結合，讓新生代更容易接近宗教信仰，將民俗傳統文化傳承下去。

廟宇網路拜拜示意圖

網路祭壇

進入網路祭壇 → 點選廟門入內祭拜 → 選擇祭祀神明 → 選擇祭拜水果
→ 選擇花束 → 選擇金紙數量 → 祭拜

歸仁仁壽宮網路祭壇

安太歲

進入網路安太歲 → 點選神明進入安太歲 → 填寫農曆生日及個人資料
→ 確定送出 → 安好太歲 → 點選神明 → 觸摸十二元辰石

歸仁仁壽宮網路安太歲示意圖

點光明燈

進入網路光明燈 → 點選神明進入點光明燈 → 填寫農曆生日及個人資料
→ 確定送出 → 安好光明燈

歸仁仁壽宮網路點光明燈示意圖

考生祈福

進入網路考生祈福 → 填寫農曆生日、報考資訊及個人資料 → 確定送出

→ 點選功名福疏 → 祈福卷上傳

歸仁仁壽宮網路考生祈福示意圖

線上求籤

進入線上求籤 → 填寫農曆生日、個人資料求籤項目 → 進行抽聖籤

→ 連續三聖筊 → 觀看籤詩（請參考「歸仁仁壽宮」**p.208**）

歸仁仁壽宮網路求籤示意圖

網路最熱門搜尋排行之神明簡介

　　廟宇在神佛的聖誕或者得道飛昇日都會舉辦慶典活動，但是各個廟宇的聖誕慶典也會因各廟宇的沿襲傳統在不同日期舉辦；因此在介紹各座廟宇時，還會附上主、副祀神明聖誕日和廟宇的重要慶典活動日期供讀者參考。

【天上聖母】
聖誕：三月二十三日，得道：九月九日
媽祖俗名林默娘，相傳出生於中國福建省莆田湄洲島，是台灣最普遍的民間信仰之一。

旱溪媽祖廟台中樂成宮主祀天上聖母

【玉皇上帝】
聖誕：一月九日，俗稱「天公生」。
又稱玉皇大帝俗稱「天公」、「上天」、「老天爺」等。

鳳山天公廟玉皇上帝

【關聖帝君】
聖誕：六月二十四日，得道：一月十三日。
又稱「文衡聖帝」「協天大帝」，俗稱關公、關老爺。

開基武廟關聖帝君

【五府千歲】
李府千歲（大王）：四月二十六日。池府千歲（二王）：六月十八日。吳府千歲（三王）：九月十五日。朱府千歲（四王）：八月十五日。范府千歲（五王）：四月二十七日。五位王爺代天巡撫合稱為「五府千歲」。

開基玉皇宮玉皇上帝

【五路財神】

武財神趙公明，玄壇趙元帥：三月十五日。

由中路玄壇元帥趙公明率納珍天尊、招財使者、招寶天尊以及利市仙官等四路財神部下，掌管天下四方財庫，是為五路財神。

屏東枋山五路財神廟武財神

【三官大帝】

天官大帝：一月十五日。地官大帝：七月十五日。
水官大帝：十月十五日。

上元一品賜福天官紫微大帝、中元二品赦罪地官清虛大帝、下元三品解厄水官洞陰大帝合稱為「三官大帝」。

紫微宮三官大帝

【清水祖師】

聖誕：一月六日。

清水祖師，法號普足，俗名陳昭應，在安溪清水巖修道，遂被尊稱為「清水祖師」，俗稱「祖師公」。

三峽長福巖清水祖師公

【玄天上帝】

聖誕：三月三日。

又稱「北極玄天上帝」、「真武大帝」，俗稱上帝公、上帝爺公。

武當廟玄天上帝

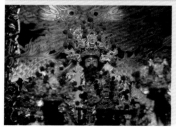

【保生大帝】

聖誕：三月十五日。

保生大帝俗名吳本（音tao ㄊㄠ）精通醫術，俗稱「大道公」、「吳真人」。

樹林濟安宮保生大帝

【臨水夫人】

聖誕：一月十五日。

又稱「大奶夫人」、「順懿夫人」、「順天聖母」，
是安胎保產，婦幼守護神。

台南臨水夫人廟主祀臨水夫人媽

【註生娘娘】

聖誕：三月二十日。

主管婦女懷孕、生產的生育之神。

台南臨水夫人廟註生娘娘

【瑤池金母】

聖誕：七月十八日。

又稱「王母娘娘」、「西王母」。

松山慈惠堂瑤池金母

【五文昌帝君】

文昌帝君：二月三日。朱衣神君：九月十五日。

文魁夫子：七月七日。孚佑帝君呂仙祖：四月十四日。

文衡帝君：六月二十四日。保庇功名、考試的神祇，合
稱為「五文昌帝君」。

醒修宮五文昌帝君

【城隍爺】

臺灣府城隍威靈公：五月十一日。

都城隍爺：十一月二十九日。

霞海城隍：五月十四日。

掌管陰陽兩界的神明，負責賞罰的判官。

臺灣省城隍廟城隍爺

【至聖先師】

聖誕：農曆八月二十七日或國曆九月二十八日。

孔子一生致力於教育工作，有教無類，因材施教。

日月潭文武廟大成殿至聖先師

【福德正神】

聖誕：二月二日或十二月十六日，得道：八月十五日。

又稱「福德正神」、「土地公」、「土地公伯」。

紫南宮福德正神

【月老神君】

聖誕：八月十五日。

月下老人，掌管男女婚姻之神。

台北霞海城隍廟月下老人

【釋迦牟尼佛】

聖誕：四月初八日。

佛教創始人，出生於世界四大文化古國之一的印度。

三鳳宮釋迦牟尼佛

【觀世音菩薩】

聖誕：二月十九日，得道：六月十九日，出家紀念日：
九月十九日。

又稱為觀音菩薩，觀自在菩薩，代表「大慈大悲」，佛
教「四大菩薩」之一。

龍山寺觀音菩薩

【地藏王菩薩】

聖誕：七月三十日。

「地獄不空、誓不成佛」，尊稱為大願地藏王菩薩，代表「孝親尊師」，佛教「四大菩薩」之一。

新莊地藏庵地藏王菩薩

【文殊菩薩】

聖誕：四月四日。

釋迦牟尼佛左脅侍，又稱文殊師利菩薩、亦稱妙吉祥菩薩，代表「聰明智慧」，佛教「四大菩薩」之一。

龍山寺文殊菩薩

【普賢菩薩】

聖誕：二月廿一日。

釋迦牟尼佛右脅侍，代表「行」，也就是「實踐」，佛教「四大菩薩」之一。

三鳳宮普賢菩薩

【中壇元帥】

聖誕：九月九日。

俗稱太子爺、三太子。

三鳳宮中壇元帥

【濟公活佛】

聖誕：二月二日，飛昇得道：三月六日。

俗名李修緣又稱為濟公禪師、濟癲和尚。

金山財神廟濟公活佛

【五年千歲】

聖誕：五月六日起三日舉行祈安禮斗大法會。

又稱「五年王爺」、「十二瘟王」。

馬鳴山鎮安宮五年千歲

【神農大帝】

聖誕：四月二十六日。

又稱為「藥王」、「五穀王」、「五穀先帝」、「神農大帝」。

士林神農宮神農大帝

【法主聖君】

聖誕：七月二十三日。

俗稱「法主公」，是法術高強的神明，又稱法師公、張法主、張聖君。

法主公廟法主公

【廣澤尊王】

聖誕：二月二十二日，成道：八月二十二日。

又稱「保安尊王」、「郭聖公」、「郭聖王」、「翹腳仔」、「翹腳王」、「聖王公」等。

開基永華宮廣澤尊王

【三山國王】 （未包含在本書內）

聖誕：二月二十五日。

鎮守在廣東的獨山、明山、巾山的三位鎮山神——獨山國王、明山國王、巾山國王。

高雄市鹽埕區的三山國王廟

拜拜怎麼拜最有效？

楔子──遭逢人生最大的變故

　　民國九十七年底，筆者發生人生最重大的變故，所累積一生所寫的程式以及開發團隊所有的程式全部毀於一旦，完完全全沒有剩下任何程式、任何電腦，有形、無形資產無一倖免。或許讀者會感到奇怪，做為一個資訊人，怎麼可能沒有備援系統，也沒有另行備份？沒錯！這些安全保險動作當然都有做，只不過仍然全毀於不可思議的過程裡。

　　過了幾天，我在凌亂的現場找到一顆容量較小的未毀損舊硬碟，拿著硬碟，趕緊向朋友借電腦，檢視硬碟內容後，發現大部分的資料都已經刪除，只好再借助工具將資料還原。經過一個晚上的奮鬥，只救出幾個網站，檢查救出的資料後，我呆坐在地板上，救出的資料全部都是廟宇網站的原始資料，其他的完全沒有。因為當初公司的重心都是在商業軟體和商業網站，廟宇網站可以說是臨時性的客串演出，所以救出的資料只是占公司的千分之一而已。

　　拿著資料，向朋友借了台伺服器，把舊資料更新為新的資訊，將僅有的廟宇網站重新啟動上網。心中無限悲痛的來到「大天后宮」，對著天上聖母，心中吶喊著，我的所有財產就剩下僅存的三間廟宇網站，到底我該何去何從？心中之痛楚無以形容。接著我又到「仁壽宮」、「關帝殿」，還是呆呆地望著大道公、關聖帝君，心中一樣吶喊著我該何去何從？

拜拜網的新契機

　　經過幾天的思索決定開闢一個拜拜網入口網站，向朋友借了一台極舊、極慢的個人電腦，重新從零開始。要重新開始就必須先穩固收入來源，但是我已經完全斷絕了任何收入，事發後完全靠為我兩肋插刀的胡姓友人的支助。於是我以一個人的力量為他重新打造、擴展「台灣儀器網」和購物網站，腳步站穩之後，重新撰寫「拜拜網有拜有保庇」入口網站，這時候離事發後僅僅兩個月。

是什麼樣的力量，讓我可以在萬念俱灰、毫無任何希望的情形下，勇敢站起來？

　　為何所有程式只留下三個廟宇網站？是否是神明留下的引信，引導我開闢拜拜入口網？筆者並非懂神通或法術的人，只是一個呆板的老工程師，用的工具也是屬於古董級。或許是年輕的工程師對於傳統文化也比較沒有經驗，所以神明選擇了我，留下僅存的種子，讓我可以利用本身的技能，藉助網路高度傳播特性，將宗教文化散播至全世界。

拜拜最有效的四字箴言——心誠則靈

　　一般的拜拜指的就是近年來最流行的「有拜有保庇」一詞，有拜心就安，求闔家平安、幸福美滿。當遇到劫難厄運時，到廟裡拜拜，就是「求神明」了。求神明該怎麼求？前面說過，我並非懂通靈或者是一位宗教神職人員，所以筆者並不會去強調種種拜拜禮節，因為各廟宇現在都已經會有拜拜的指引供信徒參考，各廟宇也會因沿襲傳統所需注意的禮節而有所不同；在此就不再敘述。因為在閱覽無數的神蹟故事以及親身經歷之後，還是「心誠則靈」四個字。

　　怎樣才是「心誠」？雖然目前的科技沒有任何度量衡可以來測量「心誠」。但是以筆者父親愛子心切，只用兩個銅板祈求天上聖母的心境；以及筆者身陷絕境，借助神明穩定心靈的力量，繼而產生奮力脫離險境的堅定意念；或者神蹟故事中的事主的意念心境，這是目前可以度量的基準。如果仍然無法瞭解「心誠」的意境，您可以心中一直著「心誠則靈」以及所要求的心願，神明一定會聽到，堅強的意念也會轉變您的心境，逐步化解危機。

　　「求神明」只要不是求不義之財、邪門歪道等非法意圖，不做虧心事，遇到厄運，都不用心慌，有拜一定有保庇，只要心誠，一定靈。

　　　　『心誠一定靈』

如何選擇適合的廟宇

　　每個人都有一定專長，神明也是一樣，不同的神明會有不同的管轄領域和神力。所以在求神明以前，要先了解自己的需求心願是什麼，然後找出合適的神明和廟宇。

　　什麼事求什麼神？一事一求，以下歸納出各種類型的祈福心願，方便信徒尋找適合參拜的廟宇。

【求事業、財富——關聖帝君、財神爺、福德正神】

03 台北景福宮p.52

12 松山慈惠堂p.72

17 烘爐地南山福德宮p.82

18 石碇五路財神廟p.86

19 板橋慈惠宮p.88

20 洪福宮p.90

26 金山財神廟p.106

30 新竹市普天宮p.114

36 聖壽宮p.130

38 台中廣天宮p.134

39 明德宮天聖堂p.136

50 紫南宮p.160

52 敦和宮p.166

56 北港武德宮p.176

68 龍崎文衡殿p.206

73 祀典武廟p.222

79 開基武廟p.236

82 關帝殿p.242

92 高雄關帝廟p.262

95 高雄文武聖殿p.270

96 屏東車城福安宮p.272

98 枋山五路財神廟p.276

99 四結福德廟p.280

100 礁溪協天廟p.282

【求姻緣──月老神君】

07 台北霞海城隍廟p.60

15 艋舺龍山寺p.78

17 烘爐地南山福德宮p.82

19 板橋慈惠宮p.88

28 桃園慈護宮p.110

30 新竹市普天宮p.114

38 台中廣天宮p.134

40 台中市元保宮p.138

41 台中南天宮p.140

42 旱溪樂成宮p.142

46 鹿港天后宮p.150

58 西螺廣福宮p.180

72 祀典大天后宮p.218

73 祀典武廟p.222

76 台灣府城隍廟p.228

80 大觀音亭興濟宮p.238

82 關帝殿p.242

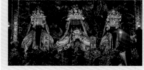

92 高雄關帝廟p.262

94 鳳山天公廟p.268

【求子女──臨水夫人、註生娘娘】

04 台北景福宮p.52

06 大龍峒保安宮p.58

09 北投慈后宮p.66

❿ 錫口慈祐宮p.68

⓭ 台北天后宮p.74

⓯ 艋舺龍山寺p.78

⓰ 士林神農宮p.80

⓱ 烘爐地南山福德宮p.82

㉕ 新莊地藏庵p.104

㉗ 樹林濟安宮p.108

㉘ 桃園慈護宮p.110

㉙ 新竹都城隍廟p.112

㉚ 新竹市普天宮p.114

㉛ 大甲鎮瀾宮p.118

㉜ 永興宮p.122

㊳ 台中廣天宮p.134

㊵ 台中市元保宮p.138

㊶ 台中南天宮p.140

㊷ 旱溪樂成宮p.142

㊸ 台中市萬和宮p.144

㊺ 大庄浩天宮p.148

㊽ 南瑤宮p.156

㊿ 南投慈善宮p.164

㊐ 北港朝天宮p.172

58 西螺廣福宮p.180

62 笨港口港口宮p.192

65 學甲慈濟宮p.200

66 永昌宮子龍廟p.202

68 龍崎文衡殿p.206

70 武當山上帝廟p.214

71 開隆宮p.216

72 祀典大天后宮p.218

76 台灣府城隍廟p.228

78 臨水夫人媽廟p.232

81 開基玉皇宮p.240

82 關帝殿p.242

85 鹿耳門天后宮p.248

86 三鳳宮p.250

87 覆鼎金保安宮p.252

88 大發開封宮包公廟p.254

92 高雄關帝廟p.262

93 旗津天后宮p.264

94 鳳山天公廟p.268

96 屏東車城福安宮p.272

97 東港東隆宮p.274

101 台東天后宮p.284

【求健康──保生大帝、觀世音菩薩、地藏王菩薩】

04 台灣省城隍廟p.54

06 大龍峒保安宮p.58

08 關渡宮p.64

13 台北天后宮p.74

15 艋舺龍山寺p.78

16 士林神農宮p.80

21 竹林山觀音寺p.94

25 新莊地藏庵p.104

27 樹林濟安宮p.108

29 新竹都城隍廟p.112

31 大甲鎮瀾宮p.118

32 永興宮p.122

33 順天宮輔順將軍廟p.124

37 松竹寺p.132

38 台中廣天宮p.134

41 台中南天宮p.140

42 旱溪樂成宮p.142

43 台中市萬和宮p.144

44 醒修宮p.146

52 敦和宮p.166

54 蕃薯厝順天宮p.170

57 西螺福興宮p.178

58 西螺廣福宮p.180

59 馬鳴山鎮安宮p.182

60 新港奉天宮p.186

61 朴子配天宮p.190

62 笨港口港口宮p.192

68 龍崎文衡殿p.206

69 歸仁仁壽宮p.208

71 開隆宮p.216

72 祀典大天后宮p.218

73 祀典武廟p.222

76 台灣府城隍廟p.228

77 保安宮p.230

79 開基武廟p.236

80 大觀音亭興濟宮p.238

81 開基玉皇宮p.240

86 三鳳宮p.250

89 內門紫竹寺p.256

90 內門南海紫竹寺p.258

91 內門南海紫竹林寺p.260

92 高雄關帝廟p.262

96 屏東車城福安宮p.272

100 礁溪協天廟p.282

101 台東天后宮p.284

【消災解厄——法主公、五府千歲、五年千歲、玄天上帝、水官大帝】

02 台北行天宮p.48

03 台北景福宮p.52

05 法主公廟p.56

06 大龍峒保安宮p.58

08 關渡宮p.64

11 松山奉天宮p.70

16 士林神農宮p.80

19 板橋慈惠宮p.88

23 淡水無極天元宮p.100

㉗ 樹林濟安宮p.108

㉞ 紫微宮p.126

㊱ 聖壽宮p.130

㊵ 台中市元保宮p.138

㊶ 台中南天宮p.140

㊹ 醒修宮p.146

㊼ 彰邑彰山宮p.154

㊾ 受天宮p.158

51 南投慈善宮p.164

52 敦和宮p.166

54 蕃薯厝順天宮p.170

55 北港朝天宮p.172

56 北港武德宮p.176

57 西螺福興宮p.178

59 馬鳴山鎮安宮p.182

60 新港奉天宮p.186

63 南鯤鯓代天府p.194

65 學甲慈濟宮p.200

66 永昌宮子龍廟p.202

67 麻豆代天府p.204

70 武當山上帝廟p.214

72 祀典大天后宮p.218

79 祀典武廟p.222

80 台灣首廟天壇p.226

77 保安宮p.230

79 開基武廟p.236

80 大觀音亭興濟宮p.238

81 開基玉皇宮p.240

84 正統鹿耳門聖母廟p.246

85 鹿耳門天后宮p.248

87 覆鼎金保安宮p.252

88 大發開封宮包公廟p.254

94 鳳山天公廟p.268

95 高雄文武聖殿p.270

96 屏東車城福安宮p.272

97 東港東隆宮p.274

99 四結福德廟p.280

【做十六歲轉大人——七娘媽】

71 開隆宮p.216

78 臨水夫人媽廟p.232

82 關帝殿p.242

83 安平開台天后宮p.244

【祈求國泰民安、幸福美滿等祈福——天上聖母、玉皇上帝】

08 關渡宮p.64

09 北投慈后宮p.66

10 錫口慈祐宮p.68

11 松山奉天宮p.70

12 松山慈惠堂p.72

13 台北天后宮p.74

19 板橋慈惠宮p.88

28 桃園慈護宮p.110

31 大甲鎮瀾宮p.118

32 永興宮p.122

42 旱溪樂成宮p.142

43 台中市萬和宮p.144

45 大庄浩天宮p.148

46 鹿港天后宮p.150

48 南瑤宮p.156

51 南投慈善宮p.164

54 蕃薯藔順天宮p.170

55 北港朝天宮p.172

57 西螺福興宮p.178

58 西螺廣福宮p.180

60 新港奉天宮p.186

61 朴子配天宮p.190

62 笨港口港口宮p.192

72 祀典大天后宮p.218

75 台灣首廟天壇p.226

81 開基玉皇宮p.240

83 安平開台天后宮p.244

84 正統鹿耳門聖母廟p.246

85 鹿耳門天后宮p.248

93 旗津天后宮p.264

101 台東天后宮p.284

01 台北文昌宮p.46

03 台北景福宮p.52

04 台灣省城隍廟p.54

08 關渡宮p.64

09 北投慈后宮p.66

11 松山奉天宮p.68

13 台北天后宮p.74

14 艋舺清水巖祖師廟p.76

15 艋舺龍山寺p.78

16 士林神農宮p.80

17 烘爐地南山福德宮p.82

19 板橋慈惠宮p.88

21 竹林山觀音寺p.94

22 三峽長福巖清水祖師公p.96

28 桃園慈護宮p.110

30 新竹市普天宮p.114

31 大甲鎮瀾宮p.118

32 永興宮p.122

㉟ 四張犁文昌廟p.128

㊱ 聖壽宮p.130

㊴ 明德宮天聖堂p.136

㊵ 台中市元保宮p.138

㊶ 台中南天宮p.140

㊷ 旱溪樂成宮p.142

㊸ 台中市萬和宮p.144

㊹ 醒修宮p.146

㊺ 大庄浩天宮p.148

㊽ 南瑤宮p.156

㊿ 南投慈善宮p.164

53 日月潭文武廟p.168

55 北港朝天宮p.172

57 西螺福興宮p.178

58 西螺廣福宮p.180

60 新港奉天宮p.186

61 朴子配天宮p.190

64 新營太子宮p.198

69 歸仁仁壽宮p.208

71 開隆宮p.216

73 祀典武廟p.222

75 台灣首廟天壇p.226

82 關帝殿p.242
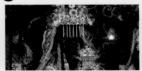

88 大發開封宮包公廟p.254

89 內門紫竹寺p.256

92 高雄關帝廟p.262

94 鳳山天公廟p.268

95 高雄文武聖殿p.270

96 屏東車城福安宮p.272

99 四結福德廟p.280

101 台東天后宮p.284

【求考運（軍警、武職）──關聖帝君】

30 新竹市普天宮p.114

36 聖壽宮p.130

39 明德宮天聖堂p.136

68 龍崎文衡殿p.206

73 祀典武廟p.222

79 開基武廟p.236

82 關帝殿p.242

83 安平開台天后p.244

92 高雄關帝廟p.262

95 高雄文武聖殿p.270

100 礁溪協天廟p.282

【求考運（律師、司法）以及官司化解——城隍爺】

04 台灣省城隍廟p.54

07 台北霞海城隍廟p.60

29 新竹都城隍廟p.112

76 台灣府城隍廟p.228

北區

台北文昌宮	台北市北投慈后宮
台北行天宮	錫口慈祐宮
台北景福宮	松山奉天宮
台灣省城隍廟	松山慈惠堂
法主公廟	台北天后宮
大龍峒保安宮	艋舺清水巖祖師廟
台北霞海城隍廟	艋舺龍山寺
關渡宮	士林神農宮

台北市

桃園
桃園慈護宮

新北市

新竹
新竹都城隍廟
新竹市普天宮

烘爐地南山福德宮

石碇五路財神廟

板橋慈惠宮

洪福宮

竹林山觀音寺

三峽長福巖清水祖師公

淡水無極天元宮

淡水清水巖（淡水祖師廟）

新莊地藏庵

金山財神廟

樹林濟安宮

01

台北文昌宮

創建年代：日治時代，詳不可考

沿革簡介：緣於日治時代中國大陸有一個商人來台經商，隨身伴駕。後因經商失敗，不得已將神像暫時置放於臺北雙連的叢林之中，一日無意中被一位婦人發現帶回，鄉民中一老翁認出是文昌帝君的神尊，於是在民生西路45巷營建小廟一間奉祀。

民國四十九年春，加以擴建。民國八十一年，因舊廟地處捷運系統北淡線上，奉市府核准拆遷至中山區民亨公園內重建。

▲保佑考運官運亨通的文昌帝君

▼文昌宮的晨鐘

▼台北文昌宮

【信仰特色】

　　每年預定農曆十一月中旬，接受下一年度點燈祈福登記，包含文昌光明燈、魁星狀元燈、朱衣智慧燈、太歲平安燈之安奉，並於農曆初一子時開始上燈。

　　文昌宮內特別設置品學兼優獎學金暨清寒優秀學生獎學金，每年十月份提供申請及送件（十月一日至十月三十一日止）。

　　榮獲內政部頒發「102年績優宗教團體」獎。

【香火鼎盛的故事】

　　文昌帝君，主宰人智慧、功名利祿的大神；主司考試及功名，每逢考季總有眾多考生將准考證放於案前，祈求文昌帝君的庇護。可準備的供品：蔥（聰明）、芹菜（勤學）、桂花葉十二片（貴氣）、枯葉十二片（吉利）、礦泉水（文思泉湧）、白蘿蔔（好彩頭）、粽子（包中）、包子（包上）、竹筍（順利）等。應留意的是，供品須準備單數單樣。

▲點一盞文昌燈，考運節節高升

必拜特色

▲曾舉辦打卡活動的金榜題名大公仔

拜拜誠心求、逢考必中、金榜題名

必看慶典

・光明禮斗法會-每年於大學、四技二專、高中基測等考試前三天舉辦光明禮斗法會（請於考試前一個月先行登記）

・春季平安禮斗（農曆二月三日至二月五日）、秋季平安禮斗（農曆九月十四日至九月十六日）

找廟地圖

主、副祀神明聖誕日（農曆）

文昌帝君：二月三日　　關聖帝君：六月二十四日
朱衣神君：九月十五日　　文魁夫子：七月七日

地址：台北市中山區民生西路45巷9號
電話：02-25210366

02

台北行天宮

▲ 關聖帝君

創建年代：民國三十二年（西元1943年）

沿革簡介：「行天宮」包括：台北本宮、三峽分宮及北投分宮，以修心
道場自許。

民國三十二年，空真子師父（郭得進居士）及眾師兄弟，於
台北城永樂町（今延平區迪化街）設立「行天堂」，恭奉
關聖帝君。民國三十四年創設「行修堂」。民國三十八年，
玄空師父捐資購買「慶善堂」，行天堂遷錫進駐，聖賜「關
帝廟行天宮」，亦即往昔信眾所熟知的「九台街恩主公
廟」。從民國四十五年迄至五十七年，北投分宮、三峽分宮
（行修宮）與台北本宮，三宮建設同時進行。台北本宮於民
國五十七年元月二十五日慶成。

▼台北行天宮

【信仰特色】

　　行天宮是屬於儒道釋合一的民間信仰，宏揚聖教，以推行五倫八德為宗旨，傳承三教聖賢義理，也融合了儒家的倫理、道教的科儀和佛教的慈悲，圓滿了民間廣大信眾的宗教需求。另為了維護道場清淨，嚴格禁止任何商業活動，不設功德箱、不擺攤設舖，也不對外勸募，僅於三宮事務所接受捐款。

▲台北行天宮匾額

【香火鼎盛的故事】

　　行天宮正殿有于右任所書「行天宮」遺墨，其建築與獨特宗教文化也吸引相當多的國外旅客造訪，一天進出人數可達萬人之多。

▲行天宮參拜的信眾

行天宮的濟世服務包含祈安大法會、祭解、收驚、求籤、祈請平安袋、祈請平安卡、安太歲等服務；其中收驚儀式（安魂鎮魄）相當靈驗，無論什麼時間等待收驚的各種年齡層和各種職業的信眾都大排長龍。

　　當小孩啼哭不止、胃口欠佳、情緒不穩定；大人心神不寧、記憶力不集中、不易入眠又不易睡醒，或無緣無故患病總是無法根治，這都是所謂的「拍著驚」或者「沖犯煞」，以

▼行天宮內信眾收驚一景

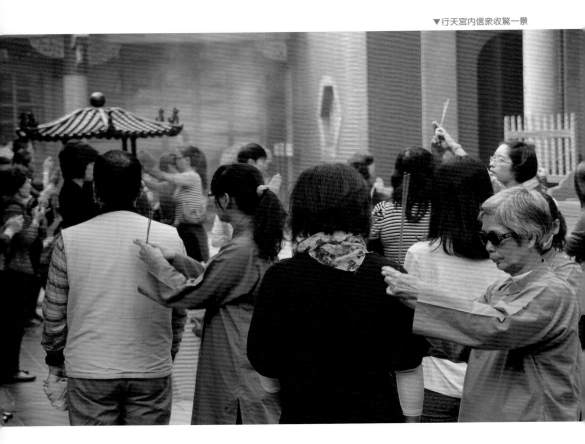

▲三峽分宮整地時所見卵生圓形景觀石頭

必拜特色

拜拜來到行天宮、收驚靈驗保平安

必看慶典

・春季祈安大法會（農曆三月一日
　至三月九日）；秋季祈安大法會
　（農曆九月一日至九月九日）
・大法會前一個月起接受登記報名

找廟地圖

主、副祀神明聖誕日（農曆）

關聖帝君：六月二十四日
元始天尊：一月一日
玉皇上帝：一月九日
關聖太子：一月十三日
上元天官大帝：一月十五日
無極混玄聖祖：一月十五日

地址：台北市中山區
民權東路二段109號
電話：02-25027924

致於魂魄離身失散，就必須得透過「收驚」儀
式，將失散的魂魄收回到當事人身上，以求平
安健康。若當事人無法親自至行天宮時，家屬
可帶當事人的衣服來行天宮收驚。

　　所謂「有病治病，無病保平安」的收驚服
務反而成了行天宮最大的特色之一。

　　行天宮三宮收驚服務時間：
　　台北本宮 11:20～21:00
　　北投分宮 11:20～19:30
　　三峽分宮 11:20～16:00

▲行天宮誦經團

03 台北景福宮

▲福德正神

創建年代：清光緒元年（西元1875年）

沿革簡介：「景福宮」原是一座兩坪大之土地公廟，是台灣早期的土地公廟，民國四十一年第一次擴建。民國八十四年再次整修。民國八十九年興建地上三層、地下三層廟宇式大樓，於隔年完工，順利入廟安座迄今。總計在市中心的精華地段佔地兩百餘坪，是台北市最大的土地公廟。

▼高聳的景福宮，擁有地上三層地下三層的空間

【信仰特色】

　　福德正神乃道教中掌管土地之神，又稱福德老爺、土地公公、土地公伯、福德公、土地公、福德爺等。早期是農人祭拜的神，由於土地公能庇佑農人致富，加上「有土斯有財」的觀念，民間對於福德正神土地公的信仰也漸漸轉化為「財神」。

【香火鼎盛的故事】

　　景福宮一樓大殿主祀福德正神，配祀地藏王菩薩和註生娘娘。二樓奉祀文昌帝君、關聖帝君、天上聖母、玄天上帝。三樓奉祀觀世音菩薩、五穀先帝。

　　景福宮土地公伯的神威遠播，有印度裔港商祈願有成，兩度寄高額美金支票還願，還捐建二樓媽祖殿中的門神。

▲虎爺

必拜特色

網網相連福德公，求財、祈福，保平安

必看慶典

・農曆二月二日福德正神千秋祝聖法會

找廟地圖

主、副祀神明聖誕日（農曆）

福德正神：二月二日
註生娘娘：三月二十日
地藏王菩薩：七月三十日
文昌帝君：二月三日
關聖帝君：六月二十四日
天上聖母：三月二十三日
玄天上帝：三月三日

地址：台北市中山區德惠街11號
電話：02-25969325

04

台灣省城隍廟

▲ 城隍爺神像

創建年代：清光緒五年（西元1879年）

沿革簡介：清光緒五年，在台北市延平南路與漢口街右側建廟，奉祀
台北府城隍，稱為「台北府城隍廟」。日治時期城隍廟一
度被拆除，直至台灣光復後民國三十六年，於台北市中正
區武昌街一段現址重建台灣省城隍廟，並定每年光復節為
台灣省城隍廟省城隍爺聖誕。以國曆舉辦神明聖誕慶典活
動，反而成為「台灣省城隍廟」的特色。

▼台灣省城隍廟入口牌樓

【信仰特色】

城隍爺是護國佑民的神祇,掌管陰陽兩界,賞罰分明,深得民眾的信仰和敬畏。明朝以後,一般把城隍歸為下列幾類:都城隍(威靈公)、府城隍(綏靖侯)、縣城隍(顯佑伯)。民間信仰普遍相信人從出生到死亡都由城隍爺監管,不管行善或作惡,城隍爺都有記錄,而文判官手上拿的就是記載人一生功過的生死簿。

【香火鼎盛的故事】

城隍的信仰最主要在於警世教化,城隍廟內氣氛總是令人不寒而慄,信仰城隍自然不敢為非做歹。至今,民眾若有受冤屈或者尋找失物,都會向城隍爺「告狀」,祈求城隍爺洗刷冤情、主持公道、伸張正義。

▲觀音菩薩

必拜特色

▲城隍爺神像,上有「你也來了」匾額

有任何冤情,訴告城隍爺,必得以大白

必看慶典

· 國曆十月二十五日,省城隍爺聖誕舉行大三獻禮、迎神遶境活動

找廟地圖

主、副祀神明聖誕日(農曆)

省城隍爺:十月二十五日(國曆)
福德正神:二月二日
濟公禪師:二月二日
文昌帝君:二月三日
觀音菩薩:二月十九日

地址:台北市中正區武昌街一段14號
電話:02-23615080

05

法主公廟

創建年代：清同治八年（西元1869年）

沿革簡介：清同治八年，安溪茶商陳書楚從中國福建泉州府安溪縣碧靈宮分靈來台，於茶行內奉祀。相傳清光緒四年（西元1878年），大稻埕發生瘟疫，「法主公」神法無邊，信眾祈福除退瘟疫，民眾有感於法主公神威，逐而獻金建廟。

民國五十七年市府拓寬南京西路，廟宇後殿全部拆除，廟地變成極為狹窄的現狀。民國八十五年拆廟重建，由名建築師李祖原從僅存的幾坪土地中，設計成為現代化的五層樓電梯廟宇，至民國八十七年竣工。

▲ 主神法主公

▼ 法主公廟為建築師李祖原所設
計，挑戰狹小的土地空間

【信仰特色】

法主公姓張名慈觀（乳名自觀），因為以法術著稱，因此被尊為法主聖君、張聖君，俗稱為法主公，也就是力剋蝗災、送離瘟神、降伏邪道、鎮邪壓煞等法術高強的神明。之後，法主公更被道教閭山法門奉為祖師。

【香火鼎盛的故事】

每年「法主公」聖誕日是該廟「求紅龜、還紅龜」日，也是該廟聞名的科儀祭典。信徒可向「法主公」祈願「求紅龜」保平安，每隻重一台斤以上，翌年誕辰祭典日起則加倍償還「還紅龜」。祭典日「大龜會」綿延數十日，紅龜粿的數量之多全台之冠。

必拜特色

拜拜求得紅龜回，永保安康除穢氣

▲純銅雕塑的龍柱

必看慶典

· 農曆九月二十二日「法主公」聖誕日「求紅龜、還紅龜」

找廟地圖

主、副祀神明聖誕日（農曆）

法主聖君：九月二十二日
東嶽大帝：三月二十八日
張天師：五月十八日

地址：台北市大同區南京西路344巷2號
電話：02-25562964

▲副祀神明觀音菩薩

06

大龍峒保安宮

▲ 保生大帝

創建年代：乾隆二十五年（西元1760年）

沿革簡介：大龍峒保安宮，俗稱「大浪泵宮」或「大道公廟」。相傳乾隆
二十一年（西元1756年），當時大龍峒的先民，前往同安縣白礁
鄉慈濟宮，恭迎保生大帝神像來台奉祀。保安宮歷經清同治七年
（西元1868年）和日治大正六年（西元1917年）兩次重修建構成
當今廟貌。民國七十四年內政部核定為國家二級古蹟。

▶ 保安宮匾額

▼ 保安宮外觀

【信仰特色】

保生大帝姓吳名本（音tao ㄊㄠ），精通醫術，行醫濟世，俗稱「大道公」、「吳真人」，是華人所信奉最重要的醫神。民間傳說大道公與媽祖婆原係一對戀人，但是後來媽祖不知為何取消了和保生大帝的婚約。保生大帝一氣之下，每逢媽祖生日當天就會降大雨，洗去了媽祖臉上的胭脂粉；而媽祖也會在保生大帝生日當天，刮大風，吹掉保生大帝的官帽。因此民間有了「大道公風，媽祖婆雨」的諺語，意謂著大道公誕辰時（農曆三月十五日）都會颳大風，媽祖誕辰時（農曆三月二十三日）都會下大雨。

【香火鼎盛的故事】

保安宮在傳統上，每年的保生大帝聖誕是最重大的慶典活動。民國八十三年，保安宮將這種傳統的廟會，結合了宗教、文化、觀光、民俗等，發展出特有的「保生文化祭」活動。遶境活動在保生大帝聖誕前一天農曆三月十四日開始舉行，包含遶境踩街、藝陣表演、家姓戲、祝聖祭典、古蹟導覽、保健義診、藝文比賽、音樂饗宴、文物展覽、過火儀式等活動。

▲保安宮副祀神明，連外國人都喜愛搶拍

必拜特色

有拜有保庇，「大道公」保庇你身體健康，全然沒代誌

必看慶典

· 新春祈安禮斗法會（農曆一月一日至一月九日）
· 農曆三月十五日保生大帝聖誕「保生文化祭」

找廟地圖

主、副祀神明聖誕日（農曆）

保生大帝：三月十五日	天上聖母：三月二十三日
註生娘娘：三月二十日	福德正神：二月二日
玄天上帝：三月三日	關聖帝君：六月二十四日
神農大帝：四月二十六日	

▲彩繪壁畫係已故國寶級大師潘麗水作品

地址：台北市大同區哈密街61號
電話：02-25951676

07

台北霞海城隍廟

▲霞海城隍廟城隍爺

▼霞海城隍廟

創建年代：清咸豐九年（西元1858年）

沿革簡介：台北霞海城隍廟建於清咸豐九年（西元1858年），與大稻埕慈聖宮、法主公廟合稱大稻埕的三大廟宇。歷經多次整修，於民國七十四年台灣內政部核定大稻埕霞海城隍廟為國家三級古蹟。台北霞海城隍廟主祀霞海城隍爺，配祀城隍夫人、八司官、文武判官、范謝將軍（七爺八爺）、八將、馬使爺、義勇公及月下老人等，在僅僅46坪的古廟內容納有600多尊各式神像，為台灣神像密度最高的廟宇。

▲霞海城隍廟城隍夫人和眾神明

【信仰特色】

　　城隍本是中國神話中守護城池的神，掌管
陰陽兩界，賞罰分明，深得民眾的信仰和敬
畏。台北霞海城隍廟於民國六十年起，供奉一
座由王稻瑞雕塑之高43公分的月老神像，若要
祈求姻緣，月老會將促成好姻緣的紅線分發給
未婚男女，民國一百零一年共促成8,014對佳偶
前來答謝。月老的靈驗與傳奇，反而成了霞海
城隍廟的最大特色。祈求月老的最佳時刻為元

宵節農曆一月十五日、西洋情人節國曆二月
十四日、台灣傳統情人節農曆七月七日、月下
老人生日農曆八月十五日。

【香火鼎盛的故事】

　　霞海城隍信仰的發展到清末、日治時期已
經成為台灣香火最旺的廟宇之一，每年的霞海
城隍出巡遶境活動與北港媽祖遶境活動齊名，
「北港迎媽祖、台北迎城隍」成為日治時期，
台灣最享盛名的廟會活動。

　　相傳台北霞海城隍廟自清代光緒五年（西

元1879年）以來便以農曆五月十三日做為城隍
爺聖誕遶境活動，後來更加入慈聖宮、法主公
廟及境內八大軒社陣頭的支持，再加上附近商
家的促銷活動，才有「五月十三人看人、迎神
賽會甲天下」之喻的傳統宗教節慶盛況。

必拜特色

保庇好姻緣

▲點燈的引火

必看慶典

· 台北霞海城隍廟五月十三迎城隍
　慶典活動
· 農曆八月十五日月下老人誕辰

找廟地圖

主、副祀神明聖誕日（農曆）

霞海城隍：五月十四日
城隍夫人：九月四日
月下老人：八月十五日
文武判官：三月十二日
註生娘娘：三月二十日
范將軍：五月十八日
謝將軍：十月一日

地址：台北市大同區
迪化街一段61號
電話：02-25580346

▼霞海城隍廟月下老人

關渡宮

▲關渡宮天上聖母

創建年代：康熙五十一年（西元1712年）

沿革簡介：相傳關渡宮香火源始自清世祖順治十八年間（西元1661年）。康熙五十一年（西元1712年）建「天妃廟」。康熙五十四年以瓦整修，諸羅知縣題匾「靈山」。期間歷經多次整修，於日治時期明治三十年（西元1897年）第五次整修遷移現址。民國四十二年重建關渡宮，也奠定了今日之莊嚴輝煌的外貌。

【信仰特色】

　　關渡宮是台灣最古老的媽祖廟之一，以關渡宮為信仰中心發展出關渡角頭、嘎嘮別角頭、北投角頭、唭哩岸角頭、石牌角頭等五個角頭，五大角頭於農曆七月十五日中元普渡輪流當職贊普拼場面、賽豬公，成為最大特色。古佛洞、財神洞更是吸引全台信眾前來祈福、求財。古佛洞全長三百二十公尺；洞口有一石臼「鎮洞寶臼」，供信眾觸摸祈福；財神洞兩旁供奉各式文武財神，供前來的信眾祈求生意興隆、財運亨通。關渡宮除了是台灣重要的媽祖文化宗教聖地外，也是北部觀光旅遊不可錯過的好景點。

【香火鼎盛的故事】

　　相傳中法戰爭時，關渡宮媽祖曾顯靈幫助作戰，光緒皇帝御賜「翌天昭佑」匾。另有二次大戰末期，媽祖顯靈以裙擺將美軍轟炸機丟下的砲彈撥開，拯救民眾。由於種種顯靈庇佑傳說，媽祖成為當地民眾心中不可替代的精神寄託。每年農曆三月二十三日媽祖聖誕日、九月九日天上聖母飛昇日，都會舉行護國佑民禮斗大法會，大批信徒湧入祈福膜拜，而這兩大法會和中元普渡的賽豬公就是關渡宮每年的最大盛事。

▲關渡宮古佛洞

必拜
特色

▲關渡宮古佛洞石臼，為鎮洞之寶

庇佑闔家平安，庇佑身體健康

必看慶典
・農曆三月二十三日媽祖聖誕日
・農曆七月十五日中元普渡賽豬公

找廟地圖
主、副祀神明聖誕日（農曆）

天上聖母：三月二十三日		觀音佛祖：二月十九日
玉皇上帝：一月九日		文昌帝君：二月三日
延平郡王：七月二十四日		地藏王菩薩：七月三十日
福德正神：二月二日		瑤池金母：七月十八日
天官大帝：一月十五日		地官大帝：七月十五日
水官大帝：十月十五日		

註：天官大帝、地官大帝、水官大帝 合稱為三官大帝

地址：台北市北投區知行路360號
電話：02-28581281

09

北投慈后宮

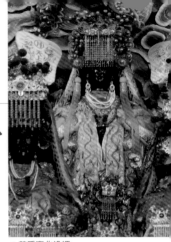

▲慈后宮北投媽

創建年代：大正七年（西元1918年）

沿革簡介：日治時代陳傳先生，於大正七年，雕塑天上聖母神像乙尊，暫借當時辜顯榮先生的田寮作為奉祀廟堂。昭和七年（西元1932年），大薙芭莊鄉紳陳振榮先生題匾額「慈后宮」。民國五十五年，前殿改建落成，成為北投地區最主要的宗教信仰聖地。民國六十年，擴建後殿為二層樓，於民國六十四年落成。因為該宮所在舊地名為大薙芭，又被稱為大薙芭慈后宮或「北投媽」媽祖宮。

▼北投慈后宮

【信仰特色】

慈后宮全年期間提供眾善男信女，點平安燈、光明燈及安太歲燈。每月農曆逢三、六、九日及初一十五，早上九點到中午十二點，都會舉行祭解補運等科儀。民國一百零一年台北市「北投媽祖國際文化藝術節」，首度改為國際文化藝術節，希望結合北投在地溫泉觀光特色，將文化藝術節逐漸推向國際。

【香火鼎盛的故事】

每年農曆正月十一日舉行年度遶境活動是北投慈后宮年度宗教盛事，中南部逾百間宮廟陣頭都北上大會師，百餘神轎隊伍、花車陣頭綿延數里，場面熱鬧非凡。遶境活動行經路線沿路信徒都會擺設香案迎接，並鑽媽祖神轎底祈求北投媽的庇佑。

▲殿內執事牌

▲慈后宮匾額

必拜特色

求闔家平安、祭解補運、諸事大吉

必看慶典

· 農曆一月十一日天上聖母出巡年度遶境活動
· 農曆三月二十三日天上聖母聖誕

找廟地圖

主、副祀神明聖誕日（農曆）

天上聖母：三月二十三日
玉皇上帝：一月九日
註生娘娘：三月二十日
福德正神：二月二日
清水祖師：一月六日
文昌帝君：二月三日
五穀先帝：四月二十六日

地址：台北市北投區清江路169號
電話：02-28915323

10

錫口慈佑宮

▲松山慈佑宮天上聖母

創建年代：清乾隆十八年（西元1753年）

沿革簡介：松山慈佑宮位於基隆河畔，與饒河街觀光夜市毗鄰，建於乾隆十八年，原名「錫口媽祖宮」，後改稱「錫口慈佑宮」，日治大正九年（西元1920年）錫口改名松山，更名「松山慈佑宮」，為台北地區最重要的媽祖信仰中心之一。慈佑宮原本是座南向北，背山面水，後因地方風水的傳說，遂改為座北朝南，面山背水。前後經歷過七次的擴建始完成壯麗輝煌的今貌。

◀Q版松山媽公仔

▼松山慈佑宮正殿

【信仰特色】

　　松山慈佑宮位於饒河街夜市旁，觀光客走出夜市，就可看到香火鼎盛的慈佑宮，是台灣夜市與廟宇結合的重要觀光勝地之一。左廂奉祀的註生娘娘靈驗無比，若欲求子嗣，只要心誠幾乎有求必應。

　　慈佑宮在興辦各項社會服務、參與公益福利等皆不遺餘力。民國六十六年，策劃興建財團法人台北市松山慈佑宮附設圖書館，館址設在台北市信義區虎林街26巷3號，於民國六十七年十月二十五日落成啟用，藏書18,273冊。亦開設獎學金申請，申請對象限在慈佑宮境內十三街庄包含松山、信義、南港、內湖、大安、中山等六區及新北市汐止區設籍六個月以上，現就讀於國內公私立高中、高職以上具有正式學籍學生。

【香火鼎盛的故事】

　　天上聖母「媽祖」是台灣民間最普遍的信仰，全台各地的媽祖廟大部分皆分靈自福建湄洲；而福建莆田仙游仙霞媽祖廟總宮供奉的媽祖分靈自「錫口媽祖宮」，成為台灣媽祖分靈回傳至福建的特殊首例。仙游仙霞媽祖廟總宮每年農曆八月二十七日（媽祖登陸仙游日），恭迎該媽祖到登陸地點，並且留下：「媽祖來自錫口，該地有十三街庄」的傳言。

▲示範籤王上上籤

必拜特色

福來、求財、求子

▲松山慈佑宮匾額

必看慶典

- 農曆三月二十五日天上聖母聖誕
- 農曆三月二十六日媽祖遶境十三街庄
- 農曆四月間舉辦「媽祖過爐」年中祭典

找廟地圖

主、副祀神明聖誕日（農曆）

天上聖母：三月二十三日	註生娘娘：三月二十日
福德正神：二月二日	中壇元帥：九月九日
地藏王菩薩：七月三十日	

地址：台北市松山區八德路四段761號
電話：02-27669212

台北市 錫口慈佑宮

主 祀神明
天上聖母

副 祀神明
註生娘娘、福德正神、中壇元帥、地藏王菩薩

11

松山奉天宮

▲松山奉天宮玉皇上帝

創建年代：民國四十三年（西元1954年）

沿革簡介：「松山奉天宮」供奉主神為玉皇上帝，俗稱「天公廟」。民國四十三年，於目前宮址處以竹材興建廟宇奉祀玉皇上帝供信徒參拜；民國四十八年正式命名為「松山奉天宮」。民國五十六年松山奉天宮與五分埔之「開安宮」（主祀五年千歲）合併，成立松山奉天宮管理委員會。民國六十二年，奉天宮邀請台灣寺廟建築名建築師李重耀先生規劃，擴建通明天宮（凌霄寶殿），民國七十年十月正式安座，始為今日之「松山奉天宮」。

▼松山奉天宮牌樓

【信仰特色】

　　主祀玉皇上帝又稱「玉皇大帝」，簡稱「玉皇」，俗稱「天公」，在道教中是天界地位最高的神明之一，在民間宗教信仰中占有極崇高的地位。

　　副祀五年千歲乃因五年舉行一次祭典而得其名，五年千歲之十二位王爺各掌其職如下：張千歲——掌食品業；徐千歲——求作官職；侯千歲——求行車平安；耿千歲——制官司；吳千歲——求農豐畜旺；何千歲——求房地產；薛千歲——求功名學業；封千歲——制小人防桃花；趙千歲——求軍警平安；譚千歲——制煞；盧千歲——求醫保健康；羅千歲——求經商順利。

【香火鼎盛的故事】

　　奉天宮成立以來，香火絡繹不絕，尤其每年農曆正月初九「天公生」，從初八晚上到初九期間香火不斷，燈火通明，將廟裡廟外擠得水洩不通，幾乎所有台北的信眾都同時湧入台北地區唯一主祀「天公」的奉天宮，誠心禮拜為玉皇大帝祝壽祈福。

▲過香爐求取金元寶保平安補財富

必拜特色

▲安斗燈求平安

求福、求財，天公賜福，萬事吉祥

必看慶典

· 農曆正月初九天公生
· 農曆五月六日起三日舉行五年千歲聖誕祈安禮斗大法會
· 農曆九月二十八日五年千歲遶境活動

找廟地圖

主、副祀神明聖誕日（農曆）

玉皇上帝：一月九日
五年千歲：五月六日起三日舉行祈安禮斗大法會
天上聖母：三月二十三日　　天官大帝：一月十五日
地官大帝：七月十五日　　　水官大帝：十月十五日
西王金母：七月十八日　　　文昌帝君：二月三日
東華大帝：二月六日

地址：台北市信義區福德街221巷12號
電話：02-27279765

12 松山慈惠堂

▲松山慈惠堂瑤池金母

創建年代：民國五十八年（西元1969年）

沿革簡介：松山慈惠堂，是由一位奉道至誠、德行雙修的女居士現任
堂主郭葉子，秉持神道設教，濟渡眾生，並啓迪信眾靈
修、淨化人心，以悲天憫人、度己度人的慈悲心懷之理念
而創建。松山慈惠堂於民國七十年辛酉歲在目前地址購
地、整地、建廟，供奉無極瑤池大聖西王金母。占地面積
約萬餘坪，廟宇氣勢磅礡、雄偉壯觀。

▼松山慈惠堂

【信仰特色】

瑤池金母，俗姓楊，或謂姓侯，名回，字婉妗，俗稱為西王母、王母娘娘、金母元君、西華金母、太靈九光龜台金母、九靈太妙龜山金母、金母娘娘、西漢夫人、西漢九光夫人、瑤池金母、瑤池金母大天尊、無極瑤池金母等，信徒尊稱母娘。按道經所載，其全名為「白玉龜台九靈太真金母元君」、「白玉龜台九鳳太真西王母」或「太靈九光龜台金母元君」。

在台灣有將近一千間的廟宇供奉瑤池金母，大都以慈惠堂、勝安宮、瑤池宮、王母宮等為宮名。

【香火鼎盛的故事】

金母欽點郭堂主為宏法者，從此，郭葉子堂主均以一襲青衣，素齋自持，並於民國五十八年在台北市松山區基隆路一段自宅開堂設教，金母賜名「松山慈惠堂」。起初只在自宅為人指點迷津，凡有疑難災厄者，都前來請示，受惠信眾口耳相傳。民國六十年遷移至興安街擴大境場，因香火鼎盛，新境仍不敷容納前來求助之善信眾，金母就在此時，降駕諭示購地興廟，並欽點現堂址為肇基廟地。

▲松山慈惠堂五路財神

必拜特色

財旺、運旺，瑤池金母慈悲之心

▲求財專屬金元寶金銀紙

必看慶典

・台北母娘文化季
・保民遶境嘉年華
・母娘聖壽慶典

找廟地圖

主、副祀神明聖誕日（農曆）

瑤池金母：七月十八日
天官大帝：一月十五日
文財神范蠡：四月七日
武財神趙公明：三月十五日
金財神石崇：一月五日
財神沈萬山：三月三日
地藏王菩薩：七月三十日

地址：台北市信義區福德街251巷33號
電話：02-27261735

主祀神明
瑤池金母

副祀神明
天官大帝、文財神范蠡、武財神趙公明、金財神石崇、財神沈萬山、地藏王菩薩

13 台北天后宮

▲台北天后宮天上聖母

創建年代：清乾隆十一年（西元1746年）

沿革簡介：「台北天后宮」原是艋舺的「新興宮」，當地俗稱西門町媽祖廟、艋舺媽祖宮。日治時期，因為開闢防空道路，徵收土地，拆除新興宮，神像及神器暫由信眾安奉於艋舺龍山寺後殿。二次大戰後，新興宮信眾向中央政府申請遷入西門町成都路西門市場旁的「新高野山弘法寺」，民國三十七年（西元1948年）將寄放於龍山寺後殿的媽祖神像遷入，並將弘法寺更名為「新興宮」，民國四十一年改名為「台灣省天后宮」，民國五十六年配合台北市改制院轄市，改稱廟名為「台北天后宮」。

▼台北天后宮

▼天后宮裝飾藝術

【信仰特色】

與艋舺龍山寺、清水巖祖師廟並稱台灣清領時期的「艋舺三大廟門」，是艋舺地區居民最重要的宗教信仰之一。「台北天后宮」也將信眾所捐贈的善款，加以運用至許多社會慈善救助、急難救濟、醫療救濟以及獎助學金申請等活動，集結大眾的力量幫助弱勢團體。

【香火鼎盛的故事】

每年「台北天后宮」從媽祖誕辰前兩天，農曆三月二十一到三月二十五，舉行為期五天的祝壽禮斗大法會，祈求風調雨順、國運昌隆。並且於農曆三月二十一提前遊街遶境，路線從天后宮出發，途經艋舺晉德宮、清水祖師廟、青山宮、龍山寺等，亦會經過昔日「新興宮」舊址。

▲弘法大師石像

媽祖婆保庇身體健康、萬事如意。艋舺三大廟門

▲台北天后宮天上聖母神轎

必看慶典

· 農曆三月二十一日至二十三日媽祖誕辰遶境

找廟地圖

主、副祀神明聖誕日（農曆）

天上聖母：三月二十三日　　玉皇上帝：一月九日
觀音菩薩：二月十九日　　　註生娘娘：三月二十日
福德正神：二月二日　　　　關聖帝君：六月二十四日
文昌帝君：二月三日　　　　地藏王菩薩：七月三十日

地址：台北市萬華區成都路51號
電話：02-23310421

14 艋舺 清水巖祖師廟

▲艋舺清水巖祖師爺

創建年代：清乾隆五十二年（西元1787年）

沿革簡介：清乾隆五十二年創建，清乾隆五十三年興工，清乾隆五十五年落成。清咸豐三年（西元1853年），發生「頂下郊拚」事件，祖師廟遭焚毀，至清光緒元年（西元1875年）方重建完工。祖師廟原有三殿，格局完整，但是後殿於昭和15年（西元1940年）再次遭祝融焚毀，迄今尚未重建，目前僅剩三川殿及正殿。

▼艋舺清水巖祖師廟牌樓

【信仰特色】

　　「艋舺清水巖祖師廟」與艋舺龍山寺、台北天后宮（原艋舺新興宮）並稱台灣清領時期的「艋舺三大廟門」；與艋舺龍山寺、大龍峒保安宮，並稱為「台北三大廟門」；與三峽長福巖祖師廟、淡水清水巖，並稱「台北三大祖師廟」。由此可見「艋舺清水巖祖師廟」在歷史上具有舉足輕重的地位。

【香火鼎盛的故事】

　　清水祖師也就是所稱的「落鼻祖師」。相傳天災地變或有疫病要流行前夕，清水祖師的鼻子就會自行掉下來，警告信徒。民國九十九年二月上映由鈕承澤導演，阮經天、趙又廷、鳳小岳主演的電影《艋舺》，大多數場景也幾乎都在清水巖祖師廟內拍攝，這部電影也重新喚起信眾們對祖師廟的歷史追憶。

▲艋舺清水巖祖師廟後殿殘存的建材

必拜特色

祖師爺有保庇，落鼻警示躲災厄。艋舺三大廟門、台北三大廟門、台北三大祖師廟必拜

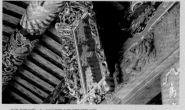

▲艋舺清水巖祖師廟匾額

必看慶典

・清水祖師聖誕禮斗法會、清水祖師成道禮斗法會
・祖師廟慶讚中元普渡法會

找廟地圖

主、副祀神明聖誕日（農曆）

清水祖師：一月六日　天上聖母：三月二十三日
福德正神：二月二日　文昌帝君：二月三日
關聖帝君：六月二十四日
文魁夫子：七月七日

地址：台北市萬華區康定路81號
電話：02-23711517

15

艋舺龍山寺

▲艋舺龍山寺觀音菩薩

創建年代：清乾隆三年（西元1738年）

沿革簡介：清乾隆三年五月十八日龍山寺建築開工。

清乾隆五年二月八日龍山寺本殿竣工安座。

日治明治四十一年（西元1908年）艋舺市區改正，水仙宮拆除，遷移至
龍山寺，城隍爺亦遷入供奉。

大正九年（西元1920年）改建為宮殿式，由辜顯榮邀名匠王順益主持改
建設計。現在所看到的龍山寺除了正殿以外，多為此次所修建。

民國七十四年內政部核定為國家二級古蹟。

▼艋舺龍山寺

【信仰特色】

　　龍山寺與台北101大樓、國立故宮博物院、中正紀念堂並列為外國觀光客至台北旅遊之四大勝地。

　　寺廟創建之初，延請堪輿家張察元堪察地形，認為該處是「美人穴」，於是在龍山寺前曠地開鑿水池做為「美人照鏡」之用，藉以保護艋舺的風水。距今兩百多年前，艋舺地區常常傳出失火情形，而「美人照鏡池」興建後，保護了萬華區居民免再受回祿之災。

【香火鼎盛的故事】

　　龍山寺供奉包括佛、道、儒三教重要神祇，空間主要可分為前殿、大殿、後殿三個殿堂，共有神祇百餘尊，主祀的神明是觀世音菩薩。在第二次世界大戰中，龍山寺正殿曾被炮火擊中，主殿全毀，但觀世音菩薩仍安然坐於蓮台上，除臉部被燻黑之外，其餘毫無損傷。

▲艋舺龍山寺祭拜的信眾

必拜特色

艋舺三大廟門；台北三大廟門台；北台旅遊之四大勝地

▲艋舺龍山寺石碑地標

必看慶典

· 觀音菩薩聖誕慶典

找廟地圖

主、副祀神明聖誕日（農曆）

觀音菩薩：二月十九日	文殊菩薩：四月四日
普賢菩薩：二月二十一日	天上聖母：三月二十三日
註生娘娘：三月二十日	關聖帝君：六月二十四日
文昌帝君：二月三日	福德正神：二月二日
月老神君：八月十五日	

地址：台北市萬華區廣州街211號
電話：02-23025162

16

士林神農宮

▲士林神農宮神農大帝

創建年代：清康熙四十八年（西元1709年）至清康熙六十一年（西元1722年）之間

沿革簡介：原廟名為「福德祠」，後改稱「芝蘭廟」，供奉之主神為福德正神。清嘉慶十七年（西元1812年）重新修建，崇奉主神改為神農大帝（五穀先帝），故改稱為「神農宮」，副祀神明仍供奉福德正神。與慈諴宮、惠濟宮並稱士林三大廟。

▼士林神農宮

【信仰特色】

　　神農大帝又稱五穀先帝、藥王大帝、五穀王。神農氏為農耕始祖，祂發明農具並教導農民耕種技術，使人民糧食充足；也親嚐百草、辨藥性，作為醫藥。因此，農民、糧商、藥商、中醫師等都奉祀神農大帝。神農大帝的神像有文面、赤面、黑面三種：文面代表神農氏未發現五穀前營養不良；赤面代表發現五穀後營養充分紅光滿面；黑面乃表示嚐百草，以身試藥，中毒後面呈黑色之樣貌。

【香火鼎盛的故事】

　　神農宮重要節慶活動，最為有趣的就是元宵節戲弄土地公的節慶，至今仍有許多廟宇也維持這個傳統，為了要祈求新的一年能有好彩頭，也能夠大發利市，以「弄土地公」的方式以求達成心願；相傳鞭炮放得愈多，今年的生意也就會愈好，因此士林區的元宵夜鑼鼓喧天，炮聲隆隆，每個商家都準備了成堆的鞭炮，以祈求新的一年財源廣進。

▲士林神農宮石獅

必拜特色

神農保庇豐衣足食、土地公保庇生意興隆、財源廣進

▲主殿的筊杯

必看慶典

· 農曆一月十五日元宵夜「弄土地公」
· 迎媽祖
· 中元普度

找廟地圖

主、副祀神明聖誕日（農曆）

神農大帝：四月二十六日	福德正神：二月二日
觀音菩薩：二月十九日	文昌帝君：二月三日
關聖帝君：六月二十四日	天上聖母：三月二十三日
註生娘娘：三月二十日	玄天上帝：三月三日

地址：台北市士林區前街74號
電話：02-28351195

17

烘爐地
南山福德宮

▲烘爐地福德宮福德正神巨型地標

創建年代：清乾隆初年，詳不可考

沿革簡介：清乾隆初年，福建省漳州府紹安縣呂氏先祖華現公（德進）開墾烘爐地現
　　　　　址，當時以石板三塊建立石板小廟供奉福德正神。後來香火日盛，信士游
　　　　　興仁發心於民國四十一年，在原址改建小廟。民國五十六年重行整建。民
　　　　　國六十年，正殿重建完成，登山石階、活動中心、停車場及圖書館等亦陸
　　　　　續竣工。民國一百年修建正殿拜亭以及財神殿。

【信仰特色】

　　來到「烘爐地南山福德宮」的山腳下，即可看見高達109公尺的土地公神像，是烘爐地最大的地標。如欲驅車前往參拜，當看到高大的土地公神像時，可以繼續往山上開，直接停在正殿下的停車場，但是這邊非常容易塞車，而且遇到塞車時，不容易迴轉。另一種選擇是到達地標的土地公神像時，可以將車停在這裡，然後步行走登山石階上正殿，登上石階到達正殿後，馬上會看見福德宮直營販賣部，這時趕快進去買個涼水解個渴休息一下。如果是夜晚上山的話，也可以先欣賞一下美麗的夜景，再從正殿、財神殿一一祭拜祈求。

▲烘爐地福德宮直營販賣部，是登山客最佳補充水分的商店

▼烘爐地福德宮夜景可遠眺台北市101大樓

【香火鼎盛的故事】

　　「烘爐地南山福德宮」的拜殿內，有一座土地公銅鑄神像，是全台第一座以電腦控制為信眾提供「大錢換母錢・母錢賺大錢」的服務，從土地公手上的元寶投入「大錢」銅板，即可從袖口換得壹圓銅板為「錢母」，換回來的錢母，可以放在錢包、收銀機或桌上當發財金補財庫，保庇「一本萬利・母錢賺大錢」，另有土地公開運招財包供信眾自行索取。而手摸「時來運轉」銅鑄元寶會旋轉的造型元寶，能帶給信眾翻轉一新的氣象，同時向土地公伯許下心願，祈求「時來運轉・迎福納財」。

▲士林神農宮石獅

▼主殿旁大錢換小錢，保平安賺大錢的銅鑄土地公解說告示牌

▼財神殿中大錢換母錢，福氣賺大錢的聚寶盆

▲主殿旁大錢換小錢，保平安賺大錢的銅鑄土地公

必拜特色

通天法寶、大錢換母錢、母錢賺大錢、時來運轉、迎福納財

▲土地公開運招財包

必看慶典

· 農曆二月二日土地公聖誕
· 農曆八月十五日土地公得道昇天之日

找廟地圖

主、副祀神明聖誕日（農曆）

福德正神：二月二日	山神星君：三月十六日
註生娘娘：三月二十日	五路財神：三月十五日
文昌帝君：二月三日	月老星君：八月十五日

地址：新北市中和區興南路二段399巷160之1號
電話：02-29425277

▲時來運轉金元寶

18 石碇
五路財神廟

▲中路財神趙公明神像

創建年代：民國八十七年

沿革簡介：「石碇五路財神廟」原本只是30坪大的鐵皮屋小廟，供奉著由創辦
人許昭男從峨嵋山分靈請回台灣的「金面武財神」趙公明。之後神
蹟展現，許多企業家求願後，生意興隆，紛紛回到「石碇五路財神
廟」還願捐款。

▼石碇五路財神廟

【信仰特色】

　　五路財神，是以中路財神趙元帥為首，率領東路財神進寶天尊蕭昇、西路財神納珍天尊曹寶、南路財神招財使者陳九公、北路財神利市仙官姚少司等四路財神部下，掌管天下四方財庫，也就是說，東西南北中出門五路，皆可得財。

【香火鼎盛的故事】

　　在財神正殿拿筊誠心的報自己姓名、住址、出生年月日，並說明是來求發財金請五路財神允杯，只需要一個聖筊即可求到，回家後可以把求來的發財金放在錢櫃或神桌上，一星期後就可以當作錢母存進銀行戶頭或者混入生意的成本中使用，以錢生錢。另外還可以向虎爺換錢水，在五路財神神桌下有虎爺，在虎爺前面有金元寶，元寶內有水，水裡有錢（意味著錢水）；將自己的零錢拿來跟虎爺換，並將換來的錢收好，即可帶來一年的好運錢。

▲造型特別的虎爺

必拜特色

廣結善緣，求財得財、求得錢母，以錢生錢

▲石碇五路財神廟金元寶

必看慶典

・農曆三月十五日中路財神趙元帥聖誕
・農曆一月十五日、七月十五日、十月十五日補財庫

找廟地圖

主、副祀神明聖誕日（農曆）

中路財神趙元帥：三月十五日
觀音菩薩：二月十九日
虎爺：六月六日

地址：新北市石碇區永定村大湖格20之1號
電話：02-26633372

19 板橋
慈惠宮

▲板橋慈惠宮天上聖母

創建年代：清乾隆十五年（西元1750年）

沿革簡介：清同治十二年（西元1873年）由全台首富林家林國芳發起重修，經歷一年完工。

歷經清光緒十七年（西元1891年）、清光緒二十一年（西元1895年）整修後，於民國六十四年因板橋市實施舊市區更新方案，整修市容觀瞻，「慈惠宮」位於府中路之部分建築遭拆除，管理人朱茂陽即策劃全面修建事宜，此次改建共增建了二層媽祖殿、後殿二層之三界公殿和頂層之凌霄寶殿，於民國六十四年十二月十五日開工，歷經十年，完成今三層樓式新廟貌。

▼板橋慈惠宮

【信仰特色】

　　慈惠宮一樓正殿主祀天上聖母，殿前有全台最高一丈的木雕神像千里眼、順風耳護駕。偏殿財神殿供奉文財神比干及五路財神；二樓正殿主祀鎮殿媽祖、開基媽祖、觀世音菩薩；圓通殿供奉著高達七尺一的月老公公。

【香火鼎盛的故事】

　　民間盛傳台灣首富郭台銘的「發跡廟」就是在板橋慈惠宮，小時候的郭台銘可說是在這裡發跡。郭董的父親，曾帶著一家大小住在廟內，而郭台銘生活起居的地方，竟然就是現在五路財神殿的位置，後來在板橋慈惠宮整修時，郭台銘還花了百萬元捐贈了兩支大龍柱給廟方，有著郭首富的加持，民眾香客絡繹不絕。

▲順風耳神像

必拜特色

大首富的「發跡廟」；福氣、財氣盡在慈惠宮

▲禮斗燈

必看慶典

・農曆三月二十三日天上聖母聖誕遶境慶典
・玉皇上帝聖誕禮斗大法會
・天上聖母聖誕禮斗大法會
・媽祖成道禮斗大法會

找廟地圖

主、副祀神明聖誕日（農曆）

天上聖母：三月二十三日	玉皇上帝：一月九日
天官大帝：一月十五日	地官大帝：七月十五日
水官大帝：十月十五日	關聖帝君：六月二十四日
文昌帝君：二月三日	月老星君：八月十五日
地藏王菩薩：七月三十日	

地址：新北市板橋區府中路81號
電話：02-29650012

20 洪福宮

▲洪福宮 福德正神本尊

創建年代：清嘉慶年間

沿革簡介：洪福宮始建於清朝年間，實際年代已不可考，至今約二百餘
年，最初由上、下、左、右、後等五塊石頭圍成，供奉福德正
神石像，座落小南灣河口西側，稱海尾土地公，信徒多為廟前
田地農戶。

民國五十四年，台灣電力公司在下福村徵收農地二十餘公頃建
設發電廠，土地公所在地點被劃入建廠範圍。於民國五十六年
遷至現址，現址土地原為農地，建廟時因經費不足，僅購得很
小一塊，並迎來竹林山寺觀音佛祖大媽，現場擲筊選方位，結
果與舊址方位竟完全相同，並同時擲筊選廟名，「洪福宮」獲
選，沿用至今。

▼洪福宮

【信仰特色】

　　洪福宮於農曆正月初五，會在宮前辦理現場博杯求發財錢母活動，獲聖筊者贈送發財金一份，共200份送完為止，免登記，日後獲利自行歸還；陰筊者贈福袋一份，福袋內裝有兩個五元，代表「兩個有緣、包您賺錢」。

　　中秋節為土地公得道昇天紀念日，除辦理祈福法會外，還會演出酬神戲一個月，並於中秋節當日免費提供油飯、麻糬、麵條、米苔目等點心供香客享用。

▲博筊得聖杯即送發財金

▲洪福宮信眾

【香火鼎盛的故事】

　　洪福宮土地公，神威遠播。求正財，土地公保庇生意興隆，各行各業都前來求財祈福。而偏財方面，傳說在大家樂六合彩盛行之際，造福不少信徒，賜財無數，彩迷紛紛來向土地公祈求明牌，彩迷以擲筊、觀看浮字等求明牌方式，讓洪福宮成了不夜城，而信徒如願發財後也捐款還願。

▲石來運轉

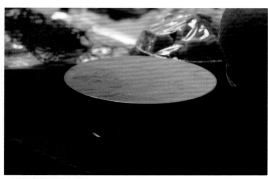

▲ 洪福宮觀看浮字明牌

▼ 進香活動在廟埕前盛大展開

必拜
特色

財運亨通、生意興隆，土地公為你招財來

▲ 兩個有緣，包您賺錢的招財金

必看慶典

・農曆二月二日土地公聖誕
・中秋節為土地公得道昇天紀念日，除辦理祈福法會外，並演出酬神戲一個月

找廟地圖

主、副祀神明聖誕日（農曆）

福德正神：二月二日

地址：新北市林口區下福139之11號
電話：周主委
0926417988

21

▲竹林山觀音寺十八手觀音神像

竹林山觀音寺

創建年代：嘉慶八年（西元1801年）

沿革簡介：日治昭和十二年（西元1937年），日本政府積極推行「皇民化運動」，禁絕台人同胞宗教活動，企圖燒掉本寺尊像，後由陳隆先生兄弟設法，暗中奉祀兩年多。後來日本政府同意興建日本風格寺廟，地方士紳協議，找到現址，做為建寺基地，日治昭和十四年完工，名為「竹林山」寺。台灣光復第二年民國三十五年，改建成宮殿式寺廟，民國三十八年完工，同時改寺名為「竹林山觀音寺」。

民國八十九年原址重建，民國一零一年完工。

▼林口竹林山觀音寺

【信仰特色】

　　竹林山觀音寺奉祀十八手觀世音菩薩尊像，係由福建省泉州府晉江縣安海龍山寺分靈而來。十八手觀音，象徵般若的十八空，是要提示眾生，學佛非依據智慧成就不可。菩薩雙手結印相拄成輪，就是象徵福德，智慧圓滿。心存善念，常行善行，時誦「觀世音菩薩」法號，就可以逢凶化吉，渡無邊的苦海，增無窮的福慧。

【香火鼎盛的故事】

　　竹林山觀音寺耗資二十億元，歷經十二年重建，主結構採用高達四十多萬才的檜木，牆壁、龍柱、石堵等石雕是採用大陸青斗石，木雕則採用樟木，並使用數量超過兩千萬張的金箔紙將廟宇妝點得金碧輝煌。

▲竹林山觀音寺祭拜信眾

必拜特色

金碧輝煌、巍峨壯麗

▲禮斗燈

必看慶典

- 農曆元月舉行祈安禮斗大法會
- 農曆二月十九日觀世音菩薩聖誕

找廟地圖

主、副祀神明聖誕日（農曆）

觀音菩薩：	二月十九日
文殊菩薩：	四月四日
普賢菩薩：	二月二十一日
天上聖母：	三月二十三日
福德正神：	二月二日
文昌帝君：	二月三日
關聖帝君：	六月二十四日

地址：新北市林口區竹林路325號
電話：02-26011412

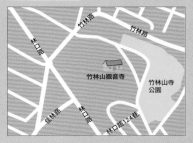

22
三峽長福巖清水祖師公

▲三峽長福巖清水祖師公

創建年代：乾隆三十四年（西元1769年）

沿革簡介：清朝道光十三年（西元1833年）因大地震而全毀逐進行第一次重建，光緒二十一年
（西元1895年），日軍在進入三角湧之後，該廟遭到焚燬，在明治三十二年（西元
1899年）進行第二次重建。二次大戰結束後，三峽祖師廟歸回三峽鎮所有，由當時代
理的三峽街長美術大師李梅樹接管。而後進行了第三次的重建計畫，民國三十六年三月
九日（農曆二月二十七日）卯時，三峽祖師廟重建工程破土，正式開啟了此次浩大冗長
的重建工程，整個工程歷經六十餘年，至今雖然尚未完工，但早已經有了「東方雕塑藝
術殿堂」的美譽。

▼三峽長福巖清水祖師公

【信仰特色】

　　清水祖師，俗名陳昭應，法號普足。因在安溪清水巖修道，所以被尊稱為清水祖師。民間俗稱「祖師公」、「祖師爺」、「烏面祖師」或「落鼻祖師」。台灣的大台北地區是清水祖師信仰的最盛之地。「三峽長福巖祖師廟」、「艋舺清水巖祖師廟」、「淡水清水巖」等三大祖師廟，號稱「台北三大祖師廟」。而「落鼻祖師」稱號的來源是，相傳天災地變或有疫病要流行前夕，清水祖師的鼻子就會掉下來，警告信徒可躲過災厄。

▲廟宇中的龍柱雕刻

▲三峽長福巖清水祖師公正殿

【香火鼎盛的故事】

　　每年的清水祖師聖誕農曆正月初六，除了聖誕祭祀活動外，還會配合地方特色的「賽神豬」活動，使三峽每逢祖師聖誕期間人山人海，熱鬧非凡。而「賽神豬」神豬祭典並不是祭祀清水祖師，原本是因為三峽地區的福建安溪移民開墾時，常遭野獸以及當地原住民出草攻擊，因此有了在除夕殺神豬祭拜山神以求平安的習俗，後來此民俗活動與大年初六的清水祖師誕辰，合併舉辦祭祀活動。

　　祖師廟廟旁有著古老幽情的三角湧老街，

▼舊稱三角湧的三峽老街

▲三峽長福巖清水祖師公正殿

必拜特色

聚福避厄祖師爺、神豬大賽賀慶典、東方雕塑藝術殿堂、「三角湧老街」時光迴廊

▲三峽長福巖清水祖師公匾額

必看慶典

· 農曆一月六日清水祖師聖誕
· 地方民俗神豬競賽活動
· 農曆五月六日祖師得道日慶典

找廟地圖

主、副祀神明聖誕日（農曆）

清水祖師：一月六日
文昌帝君：二月三日
太陽星君：三月十九日

一棟棟的紅磚街屋，也保留了巴洛克建築風格，吸引旅客駐足拍照留念、品嚐傳統美食，來到三峽長福巖清水祖師公必定要到三角湧老街一遊。

▼由前輩畫家李梅樹整建，被稱為東方雕塑
　藝術殿堂的石雕藝術

地址：新北市三峽區
秀川里長福街1號
電話：02-26711031

23

▲玄靈高上帝玉皇大天尊

淡水無極天元宮

創建年代：民國六十一年

沿革簡介：「淡水無極天元宮」創建於民國六十一年。民國八十一年增建五層樓高的無極天元真
　　　　　壇，高200尺，圓形的建築外觀直徑高達108公尺，每個樓層供奉無極界的神聖。民
　　　　　國九十七年有心大德人士捐贈「天山石」和「麒麟石」鎮座於大門口，作為「淡水無
　　　　　極天元宮」的地標。

▼淡水天元宮

【信仰特色】

　　每週日開壇辦理救世聖事及聖理（白陽真詮）講解，除普化眾生外，還經常舉辦法會，宣揚敬神真義，端正人心信仰，淨化社會風氣。對於苦難之緊急救助，清寒獎學金、營養午餐費之補助等等皆不遺餘力。對地方的公益慈善事業績效優異，屢獲政府頒發獎狀。

　　每周日救世堂辦理救世服務：
掛號時間 上午8:30至12:00 下午 2:00至5:00
救世時間 上午9:30至12:00 下午 3:00至5:00

【香火鼎盛的故事】

　　淡水無極天元宮每年國曆三月時節周圍的櫻花（吉野櫻）盛開，吸引大量賞櫻人潮，優美的吉野櫻景觀成了台灣三月逐櫻熱潮的最重要的主角之一，獨特的自然奇景特色，將宗教信仰、人文素養、觀光休閒相結合，讓無極天元宮成為北台灣新興之宗教觀光聖地。

▲淡水天元宮地標

必拜特色

吉野櫻三月逐熱潮、美輪美奐「天山聖域」

▲淡水天元宮龍泉井

必看慶典
・農曆六月二十四日玉皇大天尊玄靈高上帝聖誕慶典

找廟地圖
主、副祀神明聖誕日（農曆）
玉皇大天尊玄靈高上帝（關聖帝君）：六月二十四日
南海觀世音菩薩：二月十九日
孚佑帝君呂仙祖：四月十四日

地址：新北市淡水區北新路三段36號
電話：02-26212759

主祀神明
玉皇大天尊玄靈高上帝（關聖帝君）

副祀神明
南海觀世音菩薩、孚佑帝君呂仙祖

24

▲清水祖師爺

淡水清水巖

創建年代：日治昭和七年（西元1932年）

沿革簡介：「淡水清水巖」蓬萊老祖（另名落鼻祖），係清水巖以沉香木雕造祖師佛像六尊中之一尊，清咸豐年間，安溪清水巖和尚恭奉祖師佛像渡台，上陸淡水港，安奉於淡水東興街（現草東里中正路），濟生號鄉紳翁種玉之家。佛力靈顯，為指醒蒼生災厄，屢以落鼻示警，信者均避災化夷，所以香火逐漸鼎盛。初為淡水民眾信仰中心，日後擴及本島各地香客絡繹不絕，逐於昭和七年新建「淡水清水巖」現址。

▼淡水清水巖

【信仰特色】

　　清水祖師，俗名陳昭應，法號普足。因在安溪清水巖修道，所以被尊稱為清水祖師。民間俗稱「祖師公」、「祖師爺」、「烏面祖師」或「落鼻祖師」。「三峽長福巖祖師廟」、「艋舺清水巖祖師廟」、「淡水清水巖」等三大祖師廟，號稱「台北三大祖師廟」。

【香火鼎盛的故事】

　　相傳日治時代淡水地區每遭瘟疫、蟲害或是天旱祈雨等，都會來迎請祖師，為地方消災解厄，祖師神威顯赫，屢解除瘟疫之禍。因此奉迎祖師神像遶境，成為「年例」習俗，俗稱「淡水大拜拜」。整個遶境活動從農曆五月五日下午五點開始，由「報馬仔」領隊，從紅毛城出發，開始「迎暗訪」，隔天祖師公再依序出巡遶境。

▲淡水清水巖道士請神開光

必拜特色

祥風時雨、落鼻避厄。台北三大祖師廟

▲清水祖師爺群像

必看慶典

・農曆一月六日恭祝祖師聖誕「春季祈安禮斗法會」
・農曆五月六日祖師得道日慶典出巡遶境「淡水大拜拜」

找廟地圖

主、副祀神明聖誕日（農曆）

清水祖師：一月六日	保生大帝：三月十五日
五穀先帝：四月二十八日	西秦王爺：六月二十四日
地藏王菩薩：七月三十日	

地址：新北市淡水區清水街87號
電話：02-26212236

25

新莊地藏庵

【大眾廟】

▲地藏王菩薩神明

創建年代：清乾隆二十二年（西元1757年）

沿革簡介：自創建以來，曾歷經嘉慶十八年（西元1813年），光緒元年（西元1875年），明治四十四年（西元1911年）及民國六十一年等多次重修。並於民國七十九年重建，歷經六年於民國八十五年終告落成。

▼新莊地藏庵

【信仰特色】

　　相傳「新莊地藏庵」創建之初僅奉祀文武大眾老爺，最後才供奉地藏王菩薩。起初乃因「祭厲以求平安」的傳統觀念而設，自古人們認為，無人祭祀的孤魂野鬼才會變成「厲」，而帶來不祥與危害，必須使其受香火祭祀，才不至於危害地方鄉民，因此設置「大眾廟」，祭祀文武大眾老爺。民眾至廟中所求內容最主要是「補運」和「祭解」，「補運」為求神明庇佑增加好運，而「祭解」則是祈求神力協助去除惡煞，每日上午9:00~下午5:00受理此兩項服務。

【香火鼎盛的故事】

　　每年農曆五月一日是地藏庵文武大眾老爺遶境活動，也是新莊年度最重要的宗教盛事，又稱為「新莊大拜拜」。活動當中除了有盛大的神轎行列、精彩的八家將、官將首、出軍及熱鬧的陣頭表演外，遶境沿途發送「鹹光餅」，讓小孩吃了可以壓驚保平安，有「吃的平安符」之意。

▲新莊地藏庵重修碑記

必拜特色

安忍不動如大地，靜慮深密如秘藏

▲木雕小獅

必看慶典

- 農曆五月一日「新莊大拜拜」
- 農曆七月二十八日起為期三天的「超渡法會」

找廟地圖

主、副祀神明聖誕日（農曆）

地藏王菩薩：七月三十日　　觀音菩薩：二月十九日
註生娘娘：三月二十日　　　福德正神：二月二日
文武大眾老爺：五月一日

地址：新北市新莊區中正路84號
電話：02-29936810

主祀神明　地藏王菩薩

副祀神明　觀音菩薩、註生娘娘、福德正神、文武大眾老爺

26
金山
財神廟

▲金山財神廟五路財神

創建年代：民國八十八年

沿革簡介：「金山財神廟」起建於民國八十八年，民國九十一年完工落成。
　　　　　成立「財神銀行」，廣施財神爺開運錢，提供數十萬香客借還母
　　　　　錢之道，善財天下。

▼金山財神廟

【信仰特色】

　　主祀五路財神，由中路玄壇元帥趙公明率納珍天尊、招財使者、招寶天尊以及利市仙官，是為五路財神。來到財神廟，上香誠心祈求財神爺後，先至左殿參拜濟公師父幫忙「送窮」除晦氣，再到右殿的彌勒菩薩「迎富」增加好財氣。接下來就可以向財神爺借發財金，啟動一年的好財運。

【香火鼎盛的故事】

　　金山財神廟首創「財神銀行」。銀行有財氣存摺、貸款卡、財印以及財寶袋等創意品。而且號稱永遠不會催收帳款的神明銀行，讓信眾不但真的能像一般金融機構一樣存款、借款與還款，而且還能預支財氣。借款金額，擲一對聖筊即可借一百元開運金與財神爺賜予一百倍運氣開財運，將所貸得的現金款項存入經營生意出入的商業銀行戶頭，即可作為開運母錢了。除了「財神銀行」以外，另有招財進寶童子「財寶袋」供信眾結緣祈求。

▲彌勒迎富

必拜特色

和樂安家：開運金、求財氣、招財進寶財寶袋

▲開運錢借貸辦法

必看慶典

・農曆三月十五日迎財神聖誕法會

找廟地圖

主、副祀神明聖誕日（農曆）

五路財神：三月十五日
彌勒菩薩：一月一日
濟公禪師：二月二日

地址：新北市萬里區礦潭里公館崙52之2號
電話：02-24981186

27 樹林濟安宮

▲保生大帝

創建年代：清乾隆五十三年（西元1788年）

沿革簡介：歷經嘉慶十八年（西元1813年）、道光十六年（西元1836年）、光緒十九年（西元1893年）三次整修。並於日治大正十二年（西元1923年）遷於現址重建。至大正十六年竣工。

▼樹林濟安宮

【信仰特色】

保生大帝姓吳名本（音tao ㄊㄠ）生於宋太宗太平興國四年（西元979年），精通醫術，行醫濟世，俗稱「大道公」、「吳真人」。相傳保生大帝曾在福建省同安縣花轎義診，所以又叫「花轎公」，民間盛傳的信仰傳說有醫虎喉、點龍眼、泥馬渡康王、絲線過脈醫皇后等，是華人所信奉最重要的醫藥之神。

【香火鼎盛的故事】

樹林濟安宮一直是樹林地區的信仰中心，建廟之初，重大慶典為三月十五日的保生大帝的聖誕日，後因副祀、配祀神明眾多，又增元月十五日祈安起斗法會、五月二日保生大帝昇天紀念祭典、七月十四日中元普渡、九月九日哪吒太子千秋祭典、十月十五日祈安完斗法會。而三月十五日保生大帝的聖誕慶典仍然是濟安宮最重要的慶典、神轎遶境、酬神演戲、電動花車各種慶典活動熱鬧非凡。

▲ 道士誦經祭解

必拜特色

保生大帝保安康、彩色人生快樂活

▲ 殿內晨鐘

必看慶典

· 農曆三月十五日保生大帝聖誕慶典
· 農曆九月九日哪吒太子千秋祭典

找廟地圖

主、副祀神明聖誕日（農曆）

保生大帝：三月十五日	觀音菩薩：二月十九日
天上聖母：三月二十三日	註生娘娘：三月二十日
哪吒太子：九月九日	關聖帝君：六月二十四日
玄天上帝：三月三日	五穀先帝：四月二十六日
孚佑帝君：四月十四日	

地址：新北市樹林區保安街一段32號
電話：02-26812624

28

桃園慈護宮

▲桃園慈護宮天上聖母

創建年代：清康熙四十二年（西元1703年）

沿革簡介：清康熙四十二年，籌資興建廟宇，名曰「慈護宮」。

清光緒五年（西元1879年），迎奉金尊到新竹廳桃澗堡中路庄程氏祖厝，位於今日桃園市二民陸橋東側空地安座。

清光緒二十三年，地方士紳集資遷建於桃園街中路段一七九六番地。

民國五十九年再次遷建於現址；民國六十四年落成，於同年農曆九月十一日恭請聖母入火安座，成為今日之慈護宮。

▼桃園慈護宮

【信仰特色】

　　媽祖姓林名默，又稱默娘，是以中國東南沿海為中心的海神信仰，更是台灣最普遍的民間信仰。民間稱謂天上聖母、天后、天后娘娘、天妃、天妃娘娘、媽祖婆、娘媽等。在台灣較具規模的媽祖廟就已經超過一千座，農曆「三月瘋媽祖」甚至已經列為世界三大宗教活動之一。

【香火鼎盛的故事】

　　桃園慈護宮主祀天上聖母外，亦配祀庇佑財源廣進迎祥納福的武財神。並於民國九十九年闢建月老殿供奉婚姻之神「月老星君」，開闢了「今世良緣祈願區」，為單身男女牽引紅線、締結良緣，已婚夫妻虔誠膜拜，增進甜蜜正緣，在月老殿並提供安奉「姻緣燈」的服務，祈求在月老公公加持保庇之下，點亮姻緣路。

▲桃園慈護宮天上聖母神轎

必拜特色

庇佑闔家平安、財源廣進、婚姻幸福美滿

▲文昌帝君求功名祈願區

必看慶典

·農曆三月二十三日天上聖母誕辰慶典

找廟地圖

主、副祀神明聖誕日（農曆）

天上聖母：三月二十三日
註生娘娘：三月二十日
福德正神：二月二日
文昌帝君：二月三日
中壇元帥：九月九日
月老神君：八月十五日
武財神趙公明：三月十五日

地址：桃園縣桃園市復興路275號
電話：03-3339980

29

新竹
都城隍廟

▲新竹城隍廟城隍爺

創建年代：清乾隆十三年（西元1748年）

沿革簡介：創建之初，當時依例稱「廳城隍（縣城隍等級），顯佑伯」。清光緒元年（西元1875年）設台北府，但府治仍在新竹，遂晉升為「府城隍，綏靖侯」。於清光緒十三年～光緒十七年間敕封為「都城隍，威靈公」。

▼新竹城隍廟正殿前廟埕，周圍有知名的新竹小吃

【信仰特色】

　　城隍爺是護國佑民的神祇，掌管陰陽兩界，賞罰分明，深得民眾的信仰和敬畏。新竹都城隍廟奉祀「都城隍，威靈公」，為清朝官方所敕封，總轄台灣，為省級城隍。二次大戰後台北民眾以台北市為台灣首善之都，於台北市中正區武昌街一段14號重建台灣省城隍廟，並定每年光復節為台灣省城隍廟省城隍爺聖誕，奉祀「台灣省城隍」，亦為省級城隍。另位於台南青年路的台灣府城隍廟創建於明鄭永曆二十三年（西元1669年），是台灣最早的官建城隍廟，亦奉祀「省城隍」等級的「威靈公」。三廟信徒皆認為所奉祀的城隍爺位階最高。

【香火鼎盛的故事】

　　新竹都城隍廟的城隍爺聖誕有三個，分別是農曆的二月十七日、八月十六日、十一月二十九日。最主要的聖誕慶典是十一月二十九日。

　　竹塹中元城隍祭——遶境賑孤是新竹市年度盛事。農曆七月十五日當日中午十二點先鳴第一聲爆竹，「路關」探路，十二點三十分第二聲響，全員上香預備，下午一點整鳴炮三響後，都城隍公爺起駕遶境。

▲新竹城隍廟東轅門

必拜特色

保庇事事平安順利、排解冤親債主解冤屈

▲晉封威靈公新竹都城隍官印

必看慶典

· 農曆七月十五日竹塹中元城隍祭遶境賑孤

找廟地圖

主、副祀神明聖誕日（農曆）

都城隍爺：二月十七日、八月十六日、
　　　　　十一月二十九日
觀音菩薩：二月十九日
註生娘娘：三月二十日
福德正神：二月二日
城隍夫人：七月二十六日

主
祀神明

都城隍爺

副
祀神明

觀音菩薩、註生娘娘、福德正神、城隍夫人

地址：新竹市北區中
山路75號
電話：03-5223666

30

新竹市普天宮

▲新竹普天宮關聖帝君

創建年代：民國五十六年（西元1967年）

沿革簡介：「新竹市普天宮」是由新竹縣、市的前議長鄭再傳於民國五十六年創建，另組織古奇峰觀光事業股份有限公司開闢古奇峰育樂園。創建人卒於民國八十六年，後世子孫為紀念他，乃將古奇峰育樂園改名為「鄭再傳紀念公園」。民國九十年奉旨成立「月老星君廟」。

▼新竹普天宮

【信仰特色】

一進入「新竹市普天宮」馬上可以被高120尺的巨大關聖帝君氣魄所震懾，很自然地雙手合十，虔誠祈求。接下來依據廟方指引的方向順序一一祭拜。在月老殿旁也奉祀四面佛，然後再深入往裡面走，會進入一區更具神祕色彩的神像區，內有多尊千年神木所雕刻而成的各式神像，讓人嘆為觀止。

【香火鼎盛的故事】

民國九十年奉旨成立「月老星君廟」。並定期舉辦未婚及二春聯誼活動，由於鄰近科學園區，報名者以竹科人居多，成為全國最火紅的科技情人廟。由於每年促成上千對情侶，遂配合新竹市政府舉辦年度集團結婚。

▲ 新竹普天宮關聖帝君高120尺巨型地標

必拜特色

庇佑財源廣進、生意興隆、平安順利；120尺高的關聖帝君，為遠東最大關公巨像

▲ 月老星君

必看慶典

- 農曆一月十三日關聖帝君飛昇
- 農曆六月二十四日關聖帝君誕辰

找廟地圖

主、副祀神明聖誕日（農曆）

關聖帝君：六月二十四日	文昌帝君：二月三日
觀音菩薩：二月十九日	註生娘娘：三月二十日
福德正神：二月二日	孚佑帝君：四月十四日

地址：新竹市高峰路306巷66號

電話：03-5215553

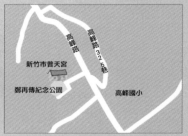

高峰路

高峰路32 5巷

新竹市普天宮

鄭再傳紀念公園

高峰國小

中區

大甲鎮瀾宮　　　明德宮天聖堂
永興宮　　　　　台中市元保宮
順天宮輔順將軍廟　南天宮
紫微宮　　　　　旱溪樂成宮
四張犁文昌廟　　台中市萬和宮
聖壽宮　　　　　醒修宮
松竹寺　　　　　大庄浩天宮
台中廣天宮

台中市

彰化
鹿港天后宮
彰邑彰山宮
南瑤宮

南投
受天宮
紫南宮
南投慈善宮
敦和宮
日月潭文武廟

蕃薯厝順天宮
北港朝天宮 ────── 雲林
北港武德宮
西螺福興宮
西螺廣福宮
馬鳴山鎮安宮

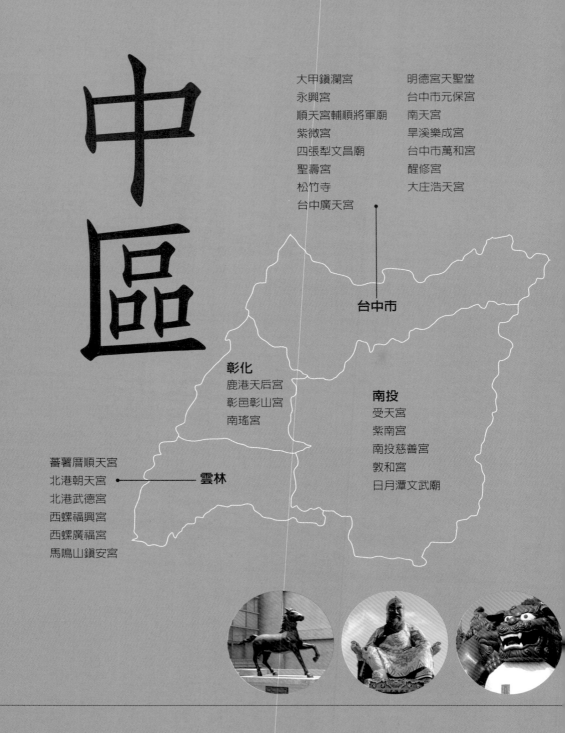

31

大甲鎮瀾宮

▲大甲鎮瀾宮「天上聖母」鎮殿媽祖

創建年代：清乾隆三十五年（西元1770年）

沿革簡介：於清雍正十年（西元1732年）興建小祠，清乾隆三十五年改建小廟曰「天后宮」。清乾隆五十二年（西元1787年）重建，始見載於台灣府淡水廳文獻中，改稱為「鎮瀾宮」。日治昭和十一年（西元1936年）十月十六日重修落成，並舉行鎮瀾宮首次祈安清醮大典。民國六十四年興建鎮瀾大樓，一樓為活動中心，二樓圖書館，三、四樓為教室；次年十一月並成立圖書館，提供地方學子、民眾學習場所。民國七十七年鎮瀾宮再次重建。

民國九十一年國曆五月四日召開第六屆次信徒代表大會選出第七屆董事長顏清標先生副董事長鄭銘坤先生及董監事。同年國曆十二月十二日（農曆十一月初九）鎮瀾宮媽祖全球資訊網網站正式成立上線。

民國九十四年經董監事會的決議將信眾捐獻的金牌鎔鑄雕刻成一尊高四尺二，重達276公斤的「金媽祖」。

民國九十七年推出台灣第一個廟宇創作公仔。媽祖遶境萬人自行車破金氏記錄。

▼大甲鎮瀾宮信眾

【信仰特色】

　　每年農曆三月「天上聖母」遶境進香是大甲鎮瀾宮最大而且最重要的活動。

　　大甲媽祖進香遶境活動，始於鎮瀾宮創建之時的湄洲進香活動，均由大安港或者溫寮港直接駛往湄洲，一直延續到日治時期，嚴禁台海兩岸往來，前往湄洲進香的各項活動因此停止。

　　民國七十六年，大甲鎮瀾宮組團赴湄洲祖廟謁祖進香，前往媽祖誕生地港里天后祖祠參拜。自此以後與祖廟的香火之緣再度延續。而每年的進香活動則由民國七十七年起改至往新港奉天宮迄今。

▲大甲鎮瀾宮副祀神明之一註生娘娘

▼大甲鎮瀾宮，舉辦的媽祖遶境是每年台灣最盛大的宗教活動之一

▲大甲鎮瀾宮「天上聖母」鎮殿媽祖

▼大甲鎮瀾宮環香香爐

大甲媽祖遶境進香九天八夜的遶境活動日，都是由鎮瀾宮董事長擲筊決定進香出發的日期與時辰，終點在新港奉天宮。而每年的進香活動則由民國七十七年起從北港朝天宮改至往新港奉天宮。民國八十八年台中縣政府將其活動賦予「大甲媽祖文化節」之名，成為台灣

觀光景點之一。民國一百年大甲媽祖遶境活動則因縣市合併，改稱為「台中大甲媽祖國際觀光文化節」。

【香火鼎盛的故事】

由於地方政府結合觀光效益，大力宣傳宗教活動，並且在台中大甲鎮瀾宮努力推動下，已成台灣規模最大、參與的香客和信徒多達百萬人的宗教活動。沿路信徒恭送金牌還願，信眾每年還願金牌都多達千面以上，高四尺二，重達276公斤的「金媽祖」就是將信眾捐獻的金牌鎔鑄而成。遶境進香活動更讓「三月瘋媽祖」躍上國際，Discovery頻道甚至將此遶境活動列為世界三大宗教盛事之一。

▲大甲媽遶境活動中的神童團／吳漢恩提供

▲大甲鎮瀾宮匾額

必拜特色

世界三大宗教盛事之一：大甲媽祖遶境

必看慶典

· 台中大甲媽祖國際觀光文化節（俗稱「三月瘋媽祖」）

找廟地圖

主、副祀神明聖誕日（農曆）

天上聖母：三月二十三日
註生娘娘：三月二十日
觀音菩薩：二月十九日
文昌帝君：二月三日
地藏王菩薩：七月三十日

地址：台中市大甲區順天路158號
電話：04-26763522

主 祀神明
天上聖母

副 祀神明
註生娘娘、觀音菩薩、文昌帝君、地藏王菩薩

永興宮

▲永興宮三川殿

創建年代：清道光二十七年（西元1847年）

沿革簡介：日治昭和十年（西元1935年）台灣中部大震災之災後重修。

　　　　　民國四十八年「八七水災」損毀後的災後重修。

　　　　　民國五十三年感於廟貌陳舊，再度集議重修。

　　　　　民國七十五年重建，民國八十二年落成。

▼永興宮廟埕

【信仰特色】

　　永興宮殿內供奉主神天上聖母，原本為朱姓庄民奉祀之大肚「萬興宮」的「老四媽」，然後被信眾輪流迎走奉祀於各區之間。最後來到當時地名為「壩仔」的地方；也就是目前的永興宮現址。「老四媽」停留此地濟世救人，創建之初只是蓋了一座草茅屋作為臨時供奉處，在地方士紳齊心協力奔走之下，集資建廟，再歷經多次整修及重建，演變成目前的規模。

【香火鼎盛的故事】

　　永興宮每年的各種祭典中，其中最享盛名的是祭孔大典。永興宮祭孔有確切記載的是大雅國小的第一屆的全體師生。現在的祭孔大典，都是由鄉公所民政課主辦，每年教師節大雅鄉各級學校都要派學生代表參加，由鄉長主祭，各校校長陪祭，並頒發地方人士所捐助的獎助學金。

▲永興宮副祀神明之一至聖先師

必拜特色

▲永興宮五路財神

聖母保平安；至聖先師開智慧、金榜題名

必看慶典

· 天上聖母聖誕日
· 每年國曆九月二十八日（教師節）祭孔大典

找廟地圖

主、副祀神明聖誕日（農曆）

天上聖母：三月二十三日	玉皇上帝：一月九日
觀音菩薩：二月十九日	註生娘娘：三月二十日
文昌帝君：二月三日	關聖帝君：六月二十四日
五路財神：三月十五日	玄天上帝：三月三日
神農大帝：四月二十六日	至聖先師：八月二十七日

地址：台中市大雅區大雅路37號
電話：04-25661627

主
祀神明

天上聖母

副
祀神明

玉皇上帝、觀音菩薩、註生娘娘、文昌帝君、關聖帝君、五路財神、玄天上帝、神農大帝、至聖先師

順天宮
輔順將軍廟

▲順天宮主祀撫順將軍

創建年代：清雍正年間（約略於西元1723~1733年之間）

沿革簡介：「順天宮輔順將軍廟」，俗稱「馬舍公廟」，乾隆五十一年（西元1786年）林爽文事件、同治二年（西元1863年）戴潮春事件，大墩街首當其衝，歷經二次戰火的焚掠，均遭受波及。由於創建後歷經多次兵災，文物大多遭燬，始建詳確時期考證困難。

之後由於廟殿年久腐朽，民國八十四年再度重建完成。

▼台中市順天宮

【信仰特色】

　　輔順將軍本名「馬仁」，俗稱「輔順公」、「馬舍王公」、「馬舍公」、「舍人公」、「馬使爺」、「馬公爺」，為「開漳聖王」陳元光元帥的部將。並與「輔信將軍」李伯瑤、「輔義將軍」倪聖分、「輔顯將軍」沈毅並列為「開漳聖王」旗下的四大將軍。除了「順天宮輔順將軍廟」以外，台南市開山路的「馬公廟」亦是主祀「輔順將軍」的廟宇，在台灣主祀「輔順將軍」的廟宇僅十幾座。

【香火鼎盛的故事】

　　為酬謝神恩，祈求風調雨順、國運昌隆、信眾闔家康安、財源廣進、百謀亨通，每年農曆九月初十日至九月十四日（輔順將軍誕辰慶典），舉辦祈安植福禮斗吉祥大法會五天。廟方並提供安太歲、平安斗、光明燈、文昌燈、財神燈以及「常年輔順平安斗──一般信眾祈求輔順將軍保佑常年平安」等安燈服務。

▲順天宮撫順將軍座騎雕塑

必拜特色

▲順天宮副祀馬國公

忠義、才德；地方保護神

必看慶典

· 農曆九月十日至九月十四日輔順將軍誕辰慶典

找廟地圖

主、副祀神明聖誕日（農曆）

輔順將軍：九月十四日
天上聖母：三月二十三日
玉皇上帝：一月九日
觀音菩薩：二月十九日
保生大帝：三月十五日
馬國公（包公）：八月十五

地址：台中市中區中山路328號
電話：04-22242049

主祀神明　輔順將軍

副祀神明　天上聖母、玉皇上帝、觀音菩薩、保生大帝、馬國公

34

紫微宮

▲紫微宮主祀三官大帝

創建年代：清乾隆六年（西元1741年）

沿革簡介：清雍正年間先民陳平由福建福州府恭請三官大帝神像來台。其孫陳元謀乾隆六年（西元1741年）迎至陳平庄內祭祀。清同治九年（西元1870年）集資購置祀田建廟曰「紫微亭」。民國六十三年三月二十六日成立管理委員會，民國七十三年廟名改為紫微宮。民國七十四年間動土重建二層古式殿宇至今。

▼台中市北屯區紫微宮

【信仰特色】

　　紫微宮主祀「三官大帝」，也就是上元天官紫微大帝（堯）、中元地官清虛大帝（舜）、下元水官洞陰大帝（禹）等三位掌管天、地、水的神，俗稱「三界公」。道教所謂：「天官賜福、地官赦罪、水官解厄。」也就是說三官有「賜與福份、赦免罪過、解除災厄」的權能。

【香火鼎盛的故事】

　　台灣民間道教信仰中，三界公之地位僅次於玉皇大帝，民間常在神龕前樑懸吊「三界公爐」祭拜三官大帝，祭拜神明前皆必先膜拜三界公，然後再拜家中所供奉之諸神。台灣有句形容懼內男人的俗語說：「枕頭神恰大過三界公」，就是在諷刺男人只聽從枕邊人老婆的話。

▼紫微宮斗燈殿

▲紫微宮副祀神明之一玉皇上帝

必拜特色

天官大帝、地官大帝、水官大帝「三界公」

必看慶典

· 天官大帝、地官大帝、水官大帝聖誕慶典
· 農曆七月十二日至七月十五日之普渡及超拔大法會

找廟地圖

主、副祀神明聖誕日（農曆）

天官大帝：一月十五日　　地官大帝：七月十五日
水官大帝：十月十五日　　玉皇上帝：一月九日
神農大帝：四月二十六日　金母娘娘：七月十八日

地址：台中市北屯區同平巷2號
電話：04-22919126

四張犁文昌廟

▲文昌廟主祀文昌帝君

創建年代：清道光五年（西元1825年）

沿革簡介：「文蔚社」是嘉慶三年（西元1798年）由曾玉音另與地方仕紳在北屯四張犁組成。而「文炳社」則是嘉慶五年（西元1800年）由當地儒者黃正中、林宗衡等人在現今廟地附近開設書房，教授漢學之「學會」組織。後來，二社合併，於道光五年，奉旨倡建文昌祠，二社社員成立「文昌會」，奉祀文昌帝君。同治二年（西元1863年），於現址建廟，同治十年（西元1871年）竣工。民國七十五年依原型重修神殿、拜亭與三川殿屋頂，重建左右廂與庫房，並增建金亭與廁所等空間。

▲四張犁文昌廟功名
福疏告示

▼四張犁文昌廟中埕

【信仰特色】

日治時期明治三十七年（西元1904年），曾經無償提供文昌廟東、西廂房給日本政府作為四張犁公學校（即今北屯國小）分校之用，左右齋房則作為教師宿舍。昭和十年（西元1935年）因「文蔚社」宣告解散，改由「文炳社」獨立負責文昌廟內一切事務。

【香火鼎盛的故事】

文昌廟主祀「文昌帝君」，另奉祀「孚佑帝君」、「關聖帝君」、「魁星帝君」、「朱衣神君」合稱「五文昌」。祈求成績步步高升、考試金榜題名、飛黃騰達，為文教、文學、科舉守護之神。

每逢考季、國家考試，文昌廟成為考生們祈求考試順利高中的最重要廟宇。

◀四張犁文昌廟彩繪門神

▲四張犁文昌廟中埕

必拜特色

三級古蹟古色古香；祈求學業進步，升學求職考試順利

▲四張犁文昌廟交趾陶壁畫

必看慶典

· 文昌帝君聖誕慶典

找廟地圖

主、副祀神明聖誕日（農曆）

文昌帝君：二月三日
孚佑帝君：四月十四日
關聖帝君：六月二十四日
魁星帝君：七月七日
朱衣神君：九月十五日

地址：台中市北屯區昌平路二段41號
電話：04-24225845

36 聖壽宮

▲聖壽宮正殿主祀關聖帝君（文衡聖帝）

創建年代：民國六十一年

沿革簡介：「聖壽宮」的緣起可追溯於清朝時代，約康熙二十三年（西元1684年），當時
清帝御派浙江定海總兵張國將軍，領帶兵馬，渡海峽到台灣征討原住民，並
奉請恩主公關聖帝君帝爺公、「湄洲媽祖（天上聖母）」的金身隨駕，護
佑全軍平安。

之後，民國六十一年三月組織財團法人台中聖壽宮，並籌備組織
設立興建委員會。民國六十一年六月九日（農曆四月二十八日）
舉行破土奠基典禮。民國七十七年十二月十八日（農曆十一月
十日）起七天慶祝聖壽宮落成舉行三獻清醮，歷時十七年終告
圓滿落成。

◀聖壽宮前的金石獅

▼聖壽宮

【信仰特色】

　　進入廟埕後，聖壽宮前有一金龍泉許願池，兩旁有巨大金石獅。站在廣大的廟埕前，就可以看見山色青翠，雲霧繞山峰的美景。因位於台中大坑的風景區飛鷹山，每逢假日佳期，前往祈福祭拜的香客特別多。

【香火鼎盛的故事】

　　聖壽宮正殿主祀關聖帝君（文衡聖帝），副祀孚佑帝君（呂洞賓呂仙祖）、司命真君（灶君、灶王、灶王爺、灶君爺）、玄天上帝（上帝爺公、上帝公、北極玄天上帝）、岳武穆王（精忠岳飛）等五尊純銅鑄造的金身，每尊均是由約二噸銅材所鑄成的莊嚴神像。左右兩廂樓則配祀有天上聖母、文昌帝君。

▲聖壽宮前有一金龍泉許願池

▲聖壽宮副祀神明之一孚佑帝君（呂洞賓呂仙祖）

必拜特色

銅鑄金身莊嚴肅穆；恩主公保庇生意興隆，平安順利

必看慶典

· 農曆六月二十四日關聖帝君聖誕

找廟地圖

主、副祀神明聖誕日（農曆）

關聖帝君：六月二十四日
孚佑帝君：四月十四日
玄天上帝：三月三日
岳武穆王：二月十五日
司命真君（灶神）：八月三日
天上聖母：三月二十三日
文昌帝君：二月三日

地址：台中市北屯區東山路二段56號
電話：04-22390092

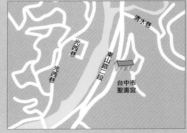

37

松竹寺

▲觀世音菩薩爺

▲松竹寺牌樓

創建年代：清道光十三年（西元1833年）

沿革簡介：松竹寺主祀觀世音菩薩，附近居民都稱之為
「觀音亭」，歷經六次整修，於民國七十三年
重建完成。民國七十九年，恭塑白衣觀音大士
像，係台中市北屯區之地標。因於民國九十四
年海棠颱風中嚴重受損倒塌。遂以銅質材料重
新雕塑，並於民國九十八年完工，民國九十九
年舉行安座大典。

▼松竹寺

【信仰特色】

是色是空觀自在、有因有果念如來。觀世音菩薩是佛門四大菩薩之一，又稱為「觀自在菩薩」、「光世音菩薩」。觀世音菩薩的慈悲心廣大，當眾生遭遇任何災難，只要誠心誦念觀世音聖號，菩薩就會尋聲救助眾生脫離苦海；所以人稱「大慈大悲觀世音菩薩」，是東亞地區民間普遍敬仰的菩薩。

【香火鼎盛的故事】

清道光十年（西元1830年）夏七月，洪水氾濫，漂來一尊木像，擱置在現松竹寺後面的蒼松翠竹幹頭之間，至洪水退後，起初由附近一群兒童發現，天天當辦家家酒祭拜，不久兒童的家人發現那尊木像就是觀世音菩薩神像，從此附近居民前往膜拜。並常常傳出觀世音菩薩顯赫救難救苦的神蹟故事，香火日盛，這就是「松竹寺」之「水流觀音」由來。也就是今日供奉在松竹寺內的開基祖正神——觀世音菩薩。

▲信眾點燈祈福

必拜特色

▲南無消災延壽藥師佛

大慈大悲觀世音菩薩「水流觀音」；雀榕（孝子樹）、正榕（夫妻樹）

必看慶典
· 觀世音菩薩誕辰、得道、出家日慶典

找廟地圖

主、副祀神明聖誕日（農曆）

觀世音菩薩誕辰：二月十九日
觀世音菩薩得道：六月十九日
觀世音菩薩出家：九月十九日
南無藥師佛菩薩：九月二十九日
大願地藏王菩薩：七月三十日
大行普賢王菩薩：二月二十一日
大智文殊師利菩薩：四月四日

地址：台中市北屯區松竹路304號
電話：04-22446266

主祀神明
觀世音菩薩

副祀神明
南無藥師佛菩薩、大願地藏王菩薩、大行普賢王菩薩、大智文殊師利菩薩

38 台中廣天宮

▲廣天宮正殿內的五路財神

創建年代：民國七十三年

沿革簡介：民國七十三年，迎請北港武德宮財神爺，聖號尊稱爵德爺，擔任台中廣天宮建宮財神爺開基祖，以台中廣天宮為根據地，廣布財神爺香火。民國七十五年負責監造的北港武德宮開基祖財神爺——代天巡狩尊降文聖示留在台中廣天宮鎮守中台灣。民國九十七年前往中國四川省峨嵋山羅浮洞（現今九老洞），將這尊全世界位階最高、一千三百九十多年歷史的財神開基老祖正尊恭迎回台，並永久供奉在台中廣天宮。

▼台中廣天宮

▲廣天宮內四川峨嵋財神開基老祖、武財神、關聖帝君神尊

【信仰特色】

　　農曆三月十五日是財神爺趙公明的聖誕千秋，也是民間俗稱的「求財日」，當天三界文武眾神共同為財神爺祝壽，財神爺龍心大喜，大開金輪寶庫，開五門之路，招十方之財，是求財轉運的好機會。台中廣天宮會從農曆三月十五日這一天開始，舉辦一連五天的「財神聖誕賜財大法會」，由開基始祖財神爺替信徒斬小人、得貴人、開智慧、助光明、接財氣、補財庫，改變運途，讓信眾求財得財，求利得利。台中廣天宮亦獨創「財神寶庫」供信徒求財錢母。

【香火鼎盛的故事】

　　除了「財神寶庫」供信徒求財錢母外，於民國九十七年，增建月老殿於本宮虎邊，並安奉月下老人。自落成安座以來，祈求姻緣者絡繹不絕，如願結成良緣連理之信徒紛紛回宮向月老還願。

必拜特色

▲台中廣天宮獨創「財神寶庫」供信徒求財錢母

一六八求財錢母；錢滾錢、一路發「財神寶庫」

必看慶典

· 農曆三月十五日財神爺趙公明聖誕千秋「求財日」
· 農曆八月十五日月下老人聖誕日「顯助姻緣大法會」

找廟地圖

主、副祀神明聖誕日（農曆）

五路財神：三月十五日		月老神君：八月十五日
瑤池金母：七月十八日		關聖帝君：六月二十四日
觀音菩薩：二月十九日		天上聖母：三月二十三日
註生娘娘：三月二十日		福德正神：二月二日

地址：台中市北屯區遼陽五街131號
電話：04-22434146

39

明德宮天聖堂

▲ 關聖帝君（中天第十八代玉皇大天尊玄靈高上帝）

創建年代：民國五十九年

沿革簡介：「明德宮天聖堂」乃是代天宣化、濟世渡眾的道場，以正信理念淨化人心更尊隨恩主公之聖德，宏揚三綱五常、三從四德；進而以生活化方式融合道、佛義理，以儒入聖、勸化世人，促進社會祥和。為配合時宜，不燒金紙，不拜葷物。一則推引聖主道脈，另則修身養德。遵行「仁、義、禮、智、信」宗旨，以致人人安康樂利和平之境。

▲ 殿內外之108根大龍柱

▼明德宮天聖堂

▲玉皇殿內超過萬條金龍雕塑

【信仰特色】

　　整體建築式樣大都由恩主公聖示，各殿內外之柱子加起來適好為108支，凌霄寶殿地下殿至三樓無極逍遙殿有108個階梯和整座建築高度共108尺，九龍池井深108尺，對聯也有108聯。殿內牆壁有以青斗石雕成的石堵和巨大龍柱，玉皇殿內超過萬條金龍；內外殿中，木雕或石雕的大、小隻龍加起來共有二萬條，每條龍造型不一，各有不同動作，栩栩如生。

【香火鼎盛的故事】

　　扶鸞施方濟世服務（免費）：事業、運途、婚姻、風水等指點迷津。農曆每月二、五、八、十二、十五、十八、二十二、二十五、二十八日。晚上七點三十分開始收件，八點扶鸞施方，九點截止收件。

　　收驚濟世服務（免費）：農曆的每月初一、十五日及每星期日。早上九點半至十一點及下午二點半至四點，由收驚生為信眾服務收驚。

必拜特色

氣勢磅礴、浩然正氣的建築之美

必看慶典

- 農曆四月十四日南宮孚佑帝君聖誕
- 農曆六月二十四日玉皇大天尊玄靈高上帝萬壽大典
- 農曆八月三日北斗星君九天司命真君聖誕

找廟地圖

主、副祀神明聖誕日（農曆）

關聖帝君（中天第十八代玉皇大天尊玄靈高上帝）：六月二十四日
南宮孚佑帝君呂恩主：四月十四日
九天司命真君（灶神）：八月三日
豁落靈官王天君：六月十五日
太上道祖：二月十五日
元始天尊：一月一日
文昌帝君：二月三日
福德正神：二月二日

地址：台中市北區忠明七街10號
電話：04-22039827

40

台中市元保宮

▲保生大帝神尊

創建年代：清乾隆五十六年（西元1791年）

沿革簡介：清雍正年間先民自大陸遷台，隨行奉請漳州府心田宮（母宮青礁東宮）的保生大帝香火來台，並奉祀於台中市北區的賴厝庄。至清乾隆四十五年（西元1780年）開始籌建廟宇，歷時十一年，於清乾隆五十六年竣工完成。另新建凌霄寶殿，約十四樓高，分為五層，民國八十五年竣工。

▼台中市元保宮

【信仰特色】

正殿奉祀——主神保生大帝（大道公），中壇元帥、四大元帥、虎爺。

中殿奉祀——關聖帝君、城隍尊神、註生娘娘，二樓為觀世音菩薩、濟公菩薩、至聖先師孔子。

凌霄寶殿一樓奉祀——五斗星君、魁斗星君、文昌帝君。

凌霄寶殿二樓奉祀——六十太歲星君、五路財神、月老星君。

凌霄寶殿三樓奉祀——三官大帝、玄天上帝、神農大帝。

凌霄寶殿五樓奉祀——玉皇大帝、保生大帝、瑤池金母、東華帝君。

【香火鼎盛的故事】

據傳日治時代，有一位大屯區的日本籍郡守，為人仁慈，頗受郡民愛戴。某年，郡守夫人生了一場怪病，治療數月不見效，連名醫都束手無策。郡守夫人昏迷中卻夢見神明指示須到元保宮膜拜，廟旁有棵龍眼樹也要禮拜。郡守夫人抱病到元保宮祈拜大道公，並參拜龍眼樹，經廟方給了藥單及神符連同龍眼樹葉一起煎煮給夫人服下，奇蹟似地痊癒，夫婦感激萬分。至今信眾仍然篤信老龍眼樹具有藥引神效。

▲關聖帝君神尊

必拜特色

「大道公」永保安康、家道興旺、納福迎祥

▲元保宮立圖

必看慶典

· 農曆三月十五日保生大帝聖殿慶典

找廟地圖

主、副祀神明聖誕日（農曆）

保生大帝：三月十五日	玉皇上帝：一月九日
註生娘娘：三月二十日	神農大帝：四月二十六日
關聖帝君：六月二十四日	文昌帝君：二月三日
玄天上帝：三月三日	瑤池金母：七月十八日
東華帝君：二月六日	

地址：台中市北區梅川西路三段109號
電話：04-22052123

41

台中南天宮

▲南天宮鎮殿關聖帝君

創建年代：民國四十一年

沿革簡介：民國三十九年成立南天宮籌備委員會，民國三十九年正式動工
建廟，民國四十一年完成了正殿的興建，並舉行神像入火安座
大典。民國六十九年，興建後殿大樓及高達一百四十六尺的關
聖帝君大神像。

◀南天宮內大元寶

▼台中南天宮

【信仰特色】

　　南天宮主祀關聖帝君，以「武財神」稱號尊奉之。高達一百四十六尺的關聖帝君莊嚴大神像，是台中最大的關公神像。宮內亦供奉文財神以及五路財神，信眾可以進「財神門」招財進寶、「摸金算盤」財源滾滾來、「石來運轉」好運來。各式求財祕方成為台中地區信徒最重要的求財尋富廟宇。

【香火鼎盛的故事】

　　一樓摸元寶，財運到。進「財神門」招財進寶。

　　二樓的月老幫你千里一線牽，同搭「姻緣橋」迎情人，月老見證同心鎖結三世緣。

　　三、四樓武財神位，是為祈求關公武財神保佑納財納福，庇佑信徒財源滾滾。

　　六樓的財神洞，由中路財神趙公明統領東、南、西、北等四方財神，合稱五路財神，掌管各方財庫。

▲供信眾觸摸的金算盤

必拜特色

▲提供保平安護身符

摸元寶，財運到；進財神門，招財進寶；摸金算盤，財源滾滾來

必看慶典

· 關聖帝君恩主公聖誕慶典

找廟地圖

主、副祀神明聖誕日（農曆）

關聖帝君：六月二十四日
玉皇大帝：一月九日
玄天上帝：三月三日
孚佑帝君：四月十四日
天上聖母：三月二十三日
天官大帝：一月十五日
觀音菩薩：二月十九日
玄壇趙元帥：三月十五日
註生娘娘：三月二十日
文昌帝君：二月三日

地址：台中市東區自由路三段309號
電話：04-22111281

42

旱溪樂成宮

▲ 台中樂成宮廟埕前聳偉的石柱地標

▼台中樂成宮

▲樂成宮殿內的天上聖母

創建年代：清朝乾隆十八年（西元1753年）

沿革簡介：台中市旱溪媽祖廟——「樂成宮」創建於清朝乾隆十八年。日治大正十年（西元1921年）於現址重建，廟宇正殿於大正十三年建造完成，三川殿於昭和四年（西元1929年）竣工。民國七十四年經內政部核定為國家第三級古蹟。民國八十年擴建後殿，「樂成宮」宏偉莊嚴完整之廟宇建築終告呈現。

▼三川殿青斗石和石獅，左為公獅、右為母獅

【信仰特色】

　　三川殿門前以青斗石為材的石獅，左公右母，為大正十三年的作品。公石獅向外望去，右邊的母石獅則緊閉上嘴巴，象徵早期傳統社會女性地位低落，沒有發言權，雙掌則撫摸著幼獅。

【香火鼎盛的故事】

　　來到台中樂成宮除了向媽祖祈福外，月老殿的月下老人據說很靈驗；不僅能幫情人牽紅線，還能為無緣情侶斬桃花，情人節前夕以及月老聖誕不少單身男女紛紛前往安燈、求良緣。五路財神殿由中路武財神趙元帥統領四路財神，「招寶天尊蕭昇」、「納珍天尊曹寶」、「招財使者陳九公」、「利市仙官姚少司」，職司掌管天下四方財庫，協助信徒走出低迷的景氣，廣闢財源。

▲樂成宮廟埕前老榕樹

必拜特色

媽祖保平安順利；月老牽紅線，有情人終成眷屬；五路財神闢財源

▲台中樂成宮石圖

必看慶典

· 台中樂成宮「旱溪媽祖」遶境大屯十八庄慶典活動
· 月老聖誕時舉辦「樂見珍愛，成就幸福」未婚聯誼活動

找廟地圖

主、副祀神明聖誕日（農曆）

天上聖母：三月二十三日	玄天上帝：三月三日
關聖帝君：六月二十四日	玉皇上帝：一月九日
月老星君：八月十五日	天官大帝：一月十五日
地官大帝：七月十五日	水官大帝：十月十五日
觀音佛祖：二月十九日	註生娘娘：三月二十日
文昌帝君：二月三日	

地址：台中市東區旱溪街48號
電話：04-22111928

43

台中市萬和宮

創建年代：清雍正四年（西元1726年）

沿革簡介：萬和宮奉祀湄洲天上聖母神像「老大媽」，相傳係張國於清康熙二十三年（西元1684年），由聖地湄洲，恭請護船來台。安置奉祀於南屯，起初僅建小祠祭祀，各方信眾祈禱膜拜，經常顯見聖蹟，地方倡議建廟，由居民集資擴建，清雍正四年九月二十日，大廟建竣，定名為「萬和宮」。民國七十四年內政部核定為國家第三級古蹟。

▼台中市萬和宮

▼台中市萬和宮立匾

【信仰特色】

為推展地方文化工作，興建「萬和文化大樓」，地下室為餐廳、一樓為辦公室、二樓為會議廳、三樓為圖書館、四樓為文物館、五樓為麻芛文化館。每年分兩季頒發信徒子女品學兼優獎學金，101學年度的規劃獎勵名額共1,983名，國中每名3,000元、高中職4,000元、大專院校5,000元，當年度總計發放之獎學金高達825萬餘元。

【香火鼎盛的故事】

香火鼎盛的萬和宮，至今仍保有全國僅有、已經傳承將近兩百年的「字姓戲」重要民俗廟會活動，「字姓戲」又稱為「家姓戲」、「單姓戲」，由於本地信眾增加，已由早期的十二字姓增至二十八字姓。

▲台中市萬和宮中庭祭拜的信眾

必拜特色

「老大媽」聖恩廣庇四方；深具特色的「字姓戲」民俗活動；國家第三級古蹟

▲台中市萬和宮鎮殿媽祖

必看慶典

· 天上聖母聖誕三獻禮祭典
· 慶讚中元普渡法會

找廟地圖

主、副祀神明聖誕日（農曆）

天上聖母：三月二十三日
觀音菩薩：二月十九日
關聖帝君：六月二十四日
神農大帝：四月二十六日
西秦王爺：六月二十四日
文昌帝君：二月三日
註生娘娘：三月二十日
福德正神：二月二日

地址：台中市南屯區萬和路一段51號
電話：04-23893285

醒修宮

▲醒修宮鎮殿關聖帝君

▲台中市醒修宮通天樓

創建年代：民國三十六年

沿革簡介：民國四十八年間，申請登記為財團法人。
民國五十一年，籌建新廟於現址，翌年竣工，並申請
變更登記為財團法人醒修宮。民國五十三年元旦舉行
落成典禮，並敦請蔣緯國將軍蒞宮剪綵。

▼台中市醒修宮

【信仰特色】

醒修宮正殿之左邊有圖書館、老人休閒中心，右邊有崇聖樓。正殿奉祀主神關聖帝君神像，雕塑手法精緻，塑造坐姿身高九尺，莊嚴威武、不怒而威，周平、滄淵兩將從祀於左右。二樓左殿恭奉開基鎮殿恩主，並有五路財神殿、五文昌殿。三樓奉祀關聖帝君、孚佑帝君、玄天上帝、司命真君、岳武穆王等五聖恩主及斗姥殿、五星君殿、太歲星君等神尊，神靈顯赫、香火鼎盛。

【香火鼎盛的故事】

全年例行宗教民俗活動，從農曆正月起開始舉行消災植福法會、關聖帝君飛昇紀念日團拜安奉太歲祈安禮斗法會、安太歲儀式、六月份的關聖帝君聖誕團拜祈福禮斗法會、超（普）渡法會以及諸神明的聖誕慶典等。並於十一月一日起受理傳統祈求平安的光明燈、安奉太歲、祭解、五斗、文昌斗、財神斗、太歲斗等服務。

▲台中市醒修宮廟埕

必拜特色

關聖帝君保庇平安、進財；五文昌庇佑學業、功名；五路財神帶您廣闢財源

▲醒修宮內五路財神殿

必看慶典

・農曆六月二十二至二十四日關聖帝君聖誕團拜，祈福禮斗法會，超（普）渡法會

找廟地圖

主、副祀神明聖誕日（農曆）

關聖帝君：六月二十四日	孚佑帝君：四月十四日
玄天上帝：三月三日	司命真君：八月三日
岳武穆王：二月十五日	觀音菩薩：二月十九日
孔聖先師：八月二十七日	

地址：台中市南區國光路94號
電話：04-22216957

45 大庄浩天宮

▲浩天宮泥塑金身鎮殿媽祖

創建年代：清乾隆三年（西元1738年）

沿革簡介：清雍正元年（西元1723年）在大庄地區成立「媽祖會」。

清乾隆三年（西元1738年）建茅草小廟於陳厝庄，當時廟宇所在地即被稱為「媽祖厝」。

清咸豐六年（西元1856年）遷建至大庄現址。信仰的區域擴及大肚中堡五十三庄。

清光緒二十年（西元1894年）修建三川殿。

日治昭和三年（西元1928年）新廟改建，於昭和六年重建工程完成。

▼大庄浩天宮

【信仰特色】

　　在民間信仰裡，相信神像的材質靈驗順序是「一紙、二土、三木」。意謂著紙塑神像最靈驗，再來是土、泥，接下來是木質。浩天宮內最大的一尊媽祖神像，鎮殿媽祖（大媽）坐鎮於宮內正殿的神龕內，與「鹿港天后宮」鎮殿媽祖、「台南大天后宮」鎮殿媽祖一樣，都是較為罕見的泥塑金身。當然，紙塑神像更少。

【香火鼎盛的故事】

　　以往「大庄浩天宮」前往北港朝天宮的進香活動，總是採用徒步的方式。然近年來，因工商發達、交通便利，因而改為乘坐遊覽車或者由信眾自行開車前往北港朝天宮進香。只要前往北港進香的當年，一定會五穀豐收；如果遇到旱年，只要信眾前往北港進香，祈求風調雨順，也皆能如願祈得雨水，正因為祈雨都十分靈驗，所以大庄媽亦稱為「潛水媽」。

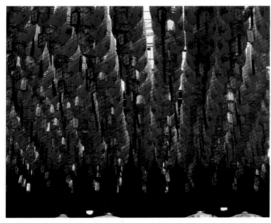
▲浩天宮的祈福燈籠

必拜特色

祈求風調雨順、五穀豐收

▲浩天宮內提供的天上聖母經

必看慶典

・三月瘋媽祖，台中媽祖國際觀光文化節

找廟地圖

主、副祀神明聖誕日（農曆）

天上聖母：三月二十三日	註生娘娘：三月二十日
觀音佛祖：二月十九日	神農大帝：四月二十六日
清水祖師：一月六日	至聖先師：八月二十七日
關聖帝君：六月二十四日	中壇元帥：九月九日

地址：台中市梧棲區中央路一段784號
電話：04-26565949

46

鹿港天后宮

▲鹿港天后宮鎮殿媽祖

創建年代：明萬曆十九年（西元1591年）

沿革簡介：明萬曆十九年先民於「船仔頭」建廟奉祀天上聖母。

清康熙二十二年，施琅奉命征台，特奉請福建省湄洲天后宮「媽祖」神像前來坐鎮護軍，戰事結束後，「湄洲媽」留在鹿港，開基媽便安座在本宮崇祀，供鄉民奉祀。

雍正三年（西元1725年）進行擴建工程，歷經嘉慶二十年（西元1815年）、同治十三年（西元1874年）、日治大正十一年（西元1922年）、昭和十一年（西元1936年）的重修，始有今日的建築規模。

▼鹿港天后宮

【信仰特色】

　　鹿港天后宮古色古香，不論石雕、彩繪、木雕，皆為名家之作。三川殿為歇山重簷的結構，木雕由李煥美為首的鹿港匠師所刻雕；石雕為泉州蔣馨家族石匠蔣文華、蔣文水的作品；彩繪為郭新林及柯煥章的作品。不論是木雕、石雕、彩繪，其作品極富藝術價值。

　　正殿左右從祀的千里眼和順風耳，是泉州匠師連詠川所雕塑；凌霄寶殿現貌為施坤玉大師所施做；後殿神龕局部為李煥美老師、施傳老師等匠師所雕刻；後殿石雕除了舊有的龍柱外，其

▲天后宮「開台湄洲媽祖」匾額

▲鹿港天后宮／吳漢恩提供

▲鹿港天后宮牌樓

餘皆為蔣馨之孫張清玉等匠師們的作品。

【香火鼎盛的故事】

　　鹿港天后宮又名「舊祖宮」，與埔頭街「新祖宮」、長興里「興安宮」同為鹿港的三座媽祖廟。正殿中最大尊的媽祖聖像，為日治昭和年間天后宮重修時新雕塑的土塑神像，是天后宮的「鎮殿媽祖」。

　　正殿神龕內第二尊媽祖，是於同治年間重修天后宮時請泉州「西來園」雕刻師傅連來雕塑，此尊媽祖為軟身的金身，是為早年同治年間的「鎮殿媽祖」。昭和年間鹿港天后宮重修，重新土塑正殿媽祖神像，軟身的正殿媽則改稱「鎮殿二媽」。

　　每年十二月一日起開放安太歲、點光明

▼天后宮內筊杯

必拜特色

最早唯一奉祀湄洲島湄洲媽祖祖廟開基聖母神尊

必看慶典

・媽祖聖誕慶典
・送平安龜、平安麵線、擲平安發財龜活動

找廟地圖

主、副祀神明聖誕日（農曆）

天上聖母：三月二十三日
玉皇上帝：一月九日
觀音菩薩：二月十九日
玄天上帝：三月三日
五穀大帝：四月二十六日
天官大帝：一月十五日
地官大帝：七月十五日
水官大帝：十月十五日
月老神君：八月十五日

燈、文昌燈、拜斗燈、登記月老姻緣簿、闔家平安斗等信眾服務。因為安燈者眾，信眾皆須即早登記。

鹿港天后宮特設立清寒學子獎助學金，凡設籍於彰化縣六個月以上，就讀經教育部核定或備查有案之國內高中職、大學（專）之正規學校，具有正式學籍且在學中的學生（不包含夜間部、進修班、空大、補習班及研究所），皆可申請。

民國一百零二年為了服務更多信眾，鹿港天后宮也有智慧型手機APP問世。包含以下功能：媽祖傳奇、媽祖神蹟、歷史沿革、建築特色與神像藝術、線上點燈、安太歲、線上求籤與平安符下載、AR擴增實境、720度虛擬實境、景點與交通指南、最新動態與影音新聞等。

地址：彰化縣鹿港鎮中山路430號
電話：04-7779899

47

彰邑彰山宮

▲彰邑彰山宮內池府千歲

創建年代：乾隆三十五年（西元1770年）

沿革簡介：緣起於清康熙二十三年（西元1684年），蘇姓人士渡台隨身
護駕池府千歲寶像抵台奉祀。

乾隆三十五年集資建廟於現址，定廟名「彰山宮」，並制定
池府千歲聖誕日為農曆六月十八日。民國八十七年重建，
八十九年歲次庚辰年舉辦入火安座。

▲彰邑彰山宮內虎爺

▼彰邑彰山宮

【信仰特色】

　　主祀池府千歲，同祀南鯤鯓代天府分靈的李、吳、朱、范四府千歲，並配祀三官大帝、西秦王爺、包府千歲、福德正神、中壇元帥等神明。每年南瑤宮天上聖母媽祖進香遶境時，天上聖母開基三媽及六媽的金尊都由彰山宮池府千歲接頭香。

【香火鼎盛的故事】

　　彰化縣政府在民國四十四年依照監督寺廟條例，認定「彰山宮」是「荒廢寺廟」，交給彰化市公所代管，信徒從此展開長達半世紀索討廟產的艱辛路程。經過眾信徒多年奔走申請下，終於在民國一百年三月通過同意把「彰山宮」還給信徒，也成為第一間「還廟於民」的寺廟。會通過審核最主要是「彰山宮」組織健全、財務透明、興辦托兒所、長期濟助弱勢民眾，市公所認為彰山宮信徒具備獨立自主管理寺廟，遂將管理權歸還信徒。

▲彰邑彰山宮太歲殿

必拜特色

三百餘年池府千歲神威顯赫、指點迷津

▲彰邑彰山宮的幼兒園

必看慶典

・池府千歲聖誕慶典

找廟地圖

主、副祀神明聖誕日（農曆）

池府千歲：六月十八日	李府千歲：四月二十六日
吳府千歲：九月十五日	朱府千歲：八月十五日
范府千歲：四月二十七日	天官大帝：一月十五日
地官大帝：七月十五日	水官大帝：十月十五日
西秦王爺：六月二十四日	福德正神：二月二日
包府千歲：一月八日	

地址：彰化市華北里光華街101、103號
電話：04-7279360

主（祀神明）
池府千歲

副（祀神明）
李府千歲、吳府千歲、朱府千歲、范府千歲、三官大帝、西秦王爺、福德正神、包府千歲

▲彰化南瑤宮鎮殿媽祖

48 南瑤宮

創建年代：清清乾隆三年（西元1738年）

沿革簡介：創建之初，瓦磘庄陳氏捐獻土地，建立茅草小祠，奉祀天上聖母稱為「媽祖宮」。清乾隆三年，經由信徒發起募資建廟，並雕塑神像五尊，取南門之「南」及瓦磘之諧音雅字「瑤」，正式定名為「南瑤宮」。

清嘉慶七年（西元1802年）重建，廟基擴增五倍。

民國七十四年內政部核定為三級古蹟。

▼彰化南瑤宮

【信仰特色】

南瑤宮整體建築分為三川殿、正殿、觀音殿、天公殿（後殿）。觀音殿殿內有銅製天花板、十八羅漢洋式框架壁飾及日式神龕，融合了中、日以及西方巴洛克式三種獨特的建築風格，與台灣傳統廟宇完全不同，是台灣十分罕見的寺廟藝術殿堂。

【香火鼎盛的故事】

南瑤宮香火由一窯工名楊謙者自笨港分香而來，因此媽祖每年皆前往笨港進香。嘉慶十九年（西元1814年）有隨駕信徒42人。之後眾人商議，每人出銀一元，存為公銀，將所收利息作為媽祖誕辰活動之用，並推舉一人管理公銀。此組織昔日稱為「金和安聖母會」，是今日「老大媽會」、「媽祖會」的組織由來。目前南瑤宮共有老大媽會、新大媽會、老二媽會、興二媽會、聖三媽會、新三媽會、老四媽會、聖四媽會、老五媽會及老六媽會等10個「媽祖會」組織（角頭大約450個）。在民國一百年開始辦理十會媽角頭遶境祈福活動。

▲彰化南瑤宮正殿金爐

必拜特色

國家三級古蹟、寺廟藝術殿堂

▲彰化南瑤宮立圖

必看慶典

· 國家三級古蹟
· 十會媽角頭遶境祈福活動

找廟地圖

主、副祀神明誕生日（農曆）

天上聖母：三月二十三日
玉皇上帝：一月九日
觀音佛祖：二月十九日
註生娘娘：三月二十日
福德正神：二月二日
神農大帝：四月二十六日
文昌帝君：二月三日
廣澤尊王：八月二十二日

地址：彰化縣彰化市南瑤路43號
電話：04-7222893

49

受天宮

▲南投受天宮玄天上帝

創建年代：清乾隆二年（西元1737年）

沿革簡介：緣起於明末清初先民從大陸帶來之武當山北極玄天上帝香火，定居在松柏坑，搭寮
居住並奉祀，為創建本宮之始。

清康熙二十年（西元1681年）附近居民捐資建立小祠奉祀。清乾隆二年（西元1737
年）居民集資建築小廟於現廟址。乾隆十年（西元1745年）遵北極玄天上帝聖示命
名為「受天宮」。

民國六十二年改建，六十五年十二月十日落成入火安座，上層一殿主神奉祀玉皇上
帝，大殿主神奉祀北極玄天上帝。

民國八十九年六月十七日凌晨發生火災，廟殿內部裝潢焚燬。民國九十七年十二月
二日廟殿重建完成，舉行入火安座大典。

▼南投受天宮

【信仰特色】

　　玄天上帝，也稱北極玄天上帝。常被簡稱為北帝、真武大帝或、玄武大帝、北極大帝；俗稱上帝公、上帝爺或帝爺公。玄天上帝手持北斗七星劍，腳踏龜、蛇二妖，據說擁有消災解厄、治水禦火、主持正義、降妖伏魔的神力，亦是明朝鎮邦護國之戰神。

【香火鼎盛的故事】

　　受天宮座落於八卦山脈南端的松柏坑山，民國八十八年以南投為震央的九二一大地震，受天宮方圓十公里和八卦山脈奇蹟般毫無災情，受天宮樑柱卻嚴重爆裂受損，當地居民和信眾們皆深深相信是玄天上帝「上帝公」扛下可能發生的災難。

◀南投受天宮聖筊筒

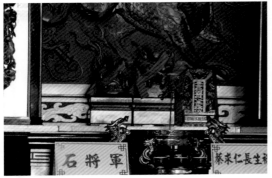
▲受天宮石將軍

必拜特色

「松嶺遠眺」南投八景之一；「上帝公」驅除邪魔、顯化指迷津

▲南投受天宮福德正神

必看慶典

・農曆三月三日春祭
・農曆八月三日秋祭慶典
・入火安座周年慶典

找廟地圖

主、副祀神明聖誕日（農曆）

玄天上帝：三月三日	玉皇上帝：一月九日
天官大帝：一月十五日	地官大帝：七月十五日
水官大帝：十月十五日	福德正神：二月二日

地址：南投縣名間鄉
松山村松山街118號
電話：049-2581008

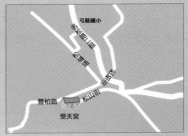

50 紫南宮

▲南投紫南宮福德正神

創建年代：清乾隆十年（西元1745年）

沿革簡介：明清時期，先民隨鄭成功拓墾，至清乾隆十年建廟。清道光年間稱「大公廟」土地公。

清道光二十七年（西元1847年）新興「石頭公」一尊，近年來，信眾為其穿裝戴帽、綴飾金牌。

清咸豐五年（西元1885年），由陳東水發起募款改建，廟名「紫南宮」。

日治明治四十年（西元1907年），由陳克己首倡發起募款，將整座廟宇重建成磚瓦木造的平屋廟宇。

民國六十九年，由莊其炎與莊錦誠發起募款，改建成鋼筋水泥，民國七十一年重建竣工，也就是現今紫南宮全貌。

▼南投紫南宮

【信仰特色】

　　因為可以向土地公借福德金（發財金），讓「紫南宮」享有盛名。在光復初期人民生活較為困苦，紫南宮以急難救助和扶助鄉民的精神，開放社寮地區居民，向土地公求取「福德金」。在民國五十年代到民國六十六年期間，只開放社區居民在農曆的一月十五日及十六日求取。由於求得福德金後，在外地創業都事業有成，一傳十，十傳百，吸引了許多外地信眾前來紫南宮向土地公求取福德金的熱潮。民國七十六年，第二屆紫南宮管理委員會決定從民國七十六年起將求取「福德金」的金額，提高

▲ 南投紫南宮開運金雞

▲ 三級古蹟永濟義渡碑

到每人「陸佰元」的限額,以符合「六六大順」之意。

　　凡向土地公借發財金都需經過擲筊杯向土地公祈求的程序。第一次就獲「聖筊」可借陸百元,第二次才「聖筊」可借伍百元,依序類推肆佰元、參佰元、貳佰元、壹佰元。若六次皆未獲土地公「聖筊」者,則請下次再來祈福許願求發財金。若來年有賺錢即須還本,增添香油錢。到目前為止,還金最高紀錄是,借陸佰元還金六十七萬元。

▼紫南宮七星級金筍迎客廁所

▲南投紫南宮外商店街

必拜特色

「鑽金雞孔金銀財寶呷嘜空」；求借「福德金」事業有成、求得「開運金雞」財源滾滾來

▲南投紫南宮外供信眾「鑽金雞孔金銀財寶呷嘜空」的祈福金雞

必看慶典

· 農曆一月十五日求錢龜
· 農曆一月十六日丁酒文化祭
· 農曆二月二日福德正神聖誕

找廟地圖

主、副祀神明聖誕日（農曆）

福德正神：二月二日

地址：南投縣竹山鎮大公街40號
電話：049-2623722

【香火鼎盛的故事】

　　每年的元宵節（農曆正月十五日）起開放信眾祈求「金錢龜」的登記，並註明自己要請回供奉的金錢龜（元宵節金錢龜、土地公金錢龜、中秋節金錢龜）。依登記順序擲筊，最後以連續獲得「聖筊」最多的信眾請回供奉，然後於翌年的農曆正月十五日為「金錢龜」掛上「串閣」（紅包）迎回紫南宮。

◀紫南宮碑

51

▲慈善宮天上聖母

南投慈善宮

創建年代：民國七十三年

沿革簡介：民國六十年，設立臨時行宮，開始闡揚媽祖的大慈大悲精神，普渡眾生。

民國七十三年，經由宮主黃李濟和夫黃永龍統籌規劃，擇定現址興建廟宇。

民國八十六年恭接湄洲媽祖。

▼南投市慈善宮

【信仰特色】

進入南投慈善宮廣場前埕，中間有個八卦九龍池和許願池，龍邊祀奉「千里姻緣一線牽」的月下老人；虎邊供奉「剪斷不正姻緣線，剪斷不正桃花枝」的斷緣祖師。

前殿媽祖殿一樓供奉主神天上聖母，從祀千里眼將軍、順風耳將軍，副祀註生娘娘以及福德正神。玉皇殿供奉三官大帝、南斗及北斗星君。

王爺殿供奉三天玉敕王爺、女媧娘娘、盤古佛、文財神以及五穀先帝。

靈霄寶殿供奉金闕玉皇玄靈高上帝、太上道祖、孚佑帝君、觀世音菩薩以及文昌帝君。

【香火鼎盛的故事】

秀場主持天王豬哥亮當紅時期，就經常到南投慈善宮拜拜想求明牌，但起乩的王爺直接趕他出廟門。在躲債的十幾年中，仍然經常回到南投慈善宮拜拜。在「三天玉敕王爺」庇佑下，終於復出螢光幕前。現在每年農曆七月都一樣親自來到南投慈善宮拜拜，感謝救他的廟。

目前玉敕王爺濟世時間，為每天上午九點前，須親自報名請示，遇初一、十五及師姐有事外出時停辦聖事。

▲「剪斷不正姻緣線，剪斷不正桃花枝」的斷緣祖師

▲「千里姻緣一線牽」的月下老人

必拜特色

媽祖保安康、玉敕王爺濟世點迷津

▲祈福國泰民安的慈善宮法船

必看慶典
‧天上聖母聖殿慶典
‧祈福法船遶境

找廟地圖

主、副祀神明聖誕日（農曆）

天上聖母：三月二十三日	註生娘娘：三月二十日
福德正神：二月二日	玉皇上帝：一月九日
三天玉敕王爺：八月二十四日	
天官大帝：一月十五日	地官大帝：七月十五日
水官大帝：十月十五日	
五穀先帝：四月二十六日	
女媧娘娘（盤古娘娘）：二月十五日	

地址：南投縣南投市工業路3之15號
電話：049-2250086

52 敦和宮

▲南投敦和宮趙天君財神爺

創建年代：清嘉慶二十一年（西元1816年）

沿革簡介：宋高宗建炎元年（西元1127年）供俸玄壇元帥於南京考試院。

清嘉慶二十一年三月李元光與十位鄉親商議募款籌資以興建敦和宮。

清光緒十年（西元1884年）廟宇毀損嚴重，遂予以重修。

民國八十四年十月二十七日舉行新宮開工典禮，歷經三年完工，並於民國
八十七年十二月二十三日（農曆十一月初五）舉行新宮入火安座大典。

民國八十九年四月十八日（農曆三月十四日），為全世界最大尊高達一六二尺
的趙天君財神爺銅像，舉行開光大典。

▼南投敦和宮

【信仰特色】

中路財神趙公明是「金龍如意正一龍虎玄壇真君」，為五路財神爺之首，率領「進寶天尊」蕭昇、「納珍天尊」曹寶、「招財使者」鄧九公、「利市仙翁」姚少司等合稱為五路財神爺。「敦和宮」經由五路財神爺之聖示，大開眾大德祈求財運、補財庫、學業、事業、前途、官運的方便法門。並提供發財金、平安符、招財符、發財御守、文昌筆，供信眾祈取。

【香火鼎盛的故事】

「敦和宮」的五路財神爺金有二種：

一、五路財神爺發財金（紅包陸百元）：經過擲笅聖杯（須由敦和宮委員、監事或服務人員監笅，擲笅以第一次為準）、經財神爺許可者始准予出借；一年內需歸還超過原所借金額。

二、五路財神爺發財金（金紙）：經過擲笅聖杯，求得之發財金金紙，於金爐燒化，以祈求財運亨通。

▲南投敦和宮內摸元寶祈求財運

必拜特色

全世界最高一六二尺銅鑄趙天君財神爺神像

▲一六二尺銅鑄趙天君財神爺

必看慶典

· 農曆大年初一發放趙天君財神爺紅包
· 農曆三月十五日趙天君財神爺聖誕慶典系列活動

找廟地圖

主、副祀神明聖誕日（農曆）

趙天君財神爺：三月十五日	玉皇大帝：一月九日
天上聖母：三月二十三日	觀音菩薩：二月十九日
王母娘娘：七月十八日	中壇元帥：九月九日

地址：南投縣草屯鎮敦和路74號
電話：049-2323793

53

日月潭
文武廟

▲文武廟正殿內關聖帝君、岳武穆王

創建年代：昭和十三年（西元1938年）

沿革簡介：日月潭水域初始有兩間宮廟，一為日月村的「益化堂」，二為水社村的「龍鳳宮」，日治時期，規劃日月潭水域開發，「益化堂」和「龍鳳宮」必須搬遷，經地方人士商議，將二廟合併，覓得現址興建新廟，於昭和九年（西元1934年）開工，昭和十三年落成。

民國五十八年因香客日益增多，展開擴廟重建工程，於民國六十五年正式落成。

民國八十八年九二一大地震，文武廟毀損嚴重，董事會全力投入整建，於民國九十二年整建完成。

▼南投日月潭文武廟

【信仰特色】

　　由於文武廟位於日月潭風景區，建築宏偉壯觀，每年吸引大批中、日、西方觀光客和信徒前往朝拜祈福。供奉著至聖先師孔子、關聖帝君、岳武穆王、文昌帝君諸神，是祈求考試順利、闔家平安最熱門的宗教聖地。

【香火鼎盛的故事】

　　國曆九月二十八日是孔子誕辰之祭孔大典，是文武廟最重要的活動之一，整個祭孔典禮從陣陣鳴鼓聲劃破寂靜之後，依循古禮迎神、進饌、恭讀祭文、初獻禮、亞獻禮、終獻禮、送神。氣氛莊嚴肅穆，場面壯觀且隆重。

▶ 文武廟震後整建紀念碑

▲南投日月潭文武廟巨型石獅，是拍照留念的景點

必拜特色

考試順利、闔家平安、事業順利

▲日月潭文武廟內的許願牌

必看慶典

・國曆九月二十八日孔子誕辰慶典活動

找廟地圖

主、副祀神明聖誕日（農曆）

至聖先師：國曆九月二十八日
關聖帝君：六月二十四日
岳武穆王：二月十五日
文昌帝君：二月三日
孚佑帝君：四月十四日
司命真君：八月三日

地址：南投縣魚池鄉水社村中正路63號
電話：049-2855122

54
蕃薯厝
順天宮

▲蕃薯厝順天宮蕃薯寮媽

創建年代：清康熙七年（西元1668年）
沿革簡介：據傳係由洪氏祖先前往大陸福建莆田湄洲朝天閣媽祖廟，恭請大媽（全國僅存的最悠久的湄州站身媽祖）、千里眼及順風耳大將軍來台，在蕃薯厝搭草廟祀奉，名為「朝天宮」。因年久草廟上攀滿蕃薯藤，因此又稱為蕃薯寮媽。
清咸豐十年（西元1860年）整修大廟並改稱「順天宮」。
民國五十四年再次重修。

▼蕃薯厝順天宮

【信仰特色】

　　民國一百零二年，順天宮重新整修與彩繪。接下順天宮彩繪整修工作的就是廟宇彩繪大師洪平順。巧合的是洪平順大師五十年前剛出師時，彩繪了自己家鄉的順天宮，經過了五十個年頭，面對自己年輕時的作品，又加以重新修補彩繪。

【香火鼎盛的故事】

　　早期水林鄉蕃薯厝地區，每年於農曆元宵節蕃薯寮順天宮三天遶境夜巡活動中有一項特殊文化活動，就是將沖天炮置入由竹子編製成的紙馬中，點燃沖天炮後，紙馬燃燒化為灰燼，用來消災解厄祈求平安，稱為「射火馬」。在失傳了半世紀之後，於民國一百零二年的水林鄉蕃薯寮媽元宵遶境文化節中，重現了「射火馬」民俗活動。

▲蕃薯厝順天宮天上聖母群像

必拜特色

蕃薯寮媽有保庇，狀元村蕃薯寮

▲蕃薯厝順天宮立匾

必看慶典

‧水林蕃薯寮媽遶境元宵文化節

找廟地圖

主、副祀神明聖誕日（農曆）

天上聖母：三月二十三日
玄天上帝：三月三日
中壇元帥：九月九日
觀音菩薩：二月十九日
文殊菩薩：四月四日
普賢菩薩：二月二十一日

地址：雲林縣水林鄉蕃薯村蕃薯厝102號
電話：05-7841621

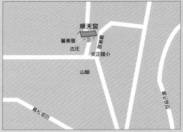

55

北港朝天宮

▲雲林北港朝天宮天上聖母

創建年代：清康熙三十九年（西元1700年）

沿革簡介：清康熙三十三年（西元1694年）臨濟宗三十四世僧樹璧奉媽祖神像入居笨港，康熙三十九年建廟稱「笨港天后宮」（前古笨港天后宮、即今北港朝天宮），是笨港地區最早建立的媽祖廟。

清嘉慶二年（西元1797年）笨港溪（今新港溪）氾濫，沖毀笨港市街和嘉義地區最早的媽祖廟——笨港天后宮。

道光十七年（西元1837年）於舊廟原址重建，即今之北港朝天宮。

▼雲林北港朝天宮

【信仰特色】

北港朝天宮前殿（聖母殿）奉祀媽祖。中殿中室（觀音佛祖殿）奉祀觀音佛祖。中殿右室（三官大帝殿）奉祀三官大帝：天官紫微大帝（堯）、地官清虛大帝（舜）、水官洞陰大帝（禹）。中殿左室為五文昌殿奉祀五文昌夫子：文昌帝君、孚佑帝君、關聖帝君、魁星夫子、朱衣夫子。後殿中室為聖父母殿，東廂為註生娘娘殿，西廂為福德正神殿。

據傳在清康熙年間，有個蕭姓孝子，來到媽祖廟，向廟裡的媽祖祈求能早日找到他的父母親，他看到地上有一根鐵釘，於是便向媽祖

▲朝天宮內祭品西瓜刻花

▲雲林北港朝天宮萬年香火爐

▲朝天宮文化大樓

祈求如果能找到他的父母親的話，就讓這根鐵釘能釘入花崗岩之中，隨即徒手將鐵釘往地上釘，鐵釘應聲釘入花崗石之中，之後也如願找到了父母親。目前孝子釘就在觀音殿前面的石階。

【香火鼎盛的故事】

「北港迎媽祖」、「白沙屯媽祖進香」、「大甲媽祖進香」是北港朝天宮百年來的重要民俗活動慶典。「白沙屯媽祖進香」是苗栗通霄鎮「白沙屯拱天宮」，以徒步方式縱跨苗栗、台中、彰化、雲林，至北港朝天宮進香，來回約四百公里，已經有200多年的歷史。

鎮瀾宮「大甲媽祖進香」自民國七十七年

▼北港朝天宮外進香客慶典

▲朝天宮內福德正神、千里眼和順風耳將軍

必拜特色

北港媽祖慈悲為懷，消災保安康；前古笨港天后宮原址重建

必看慶典

· 媽祖聖誕慶典
· 上元祭；中元普渡；下元祭
· 五文昌祭典（每年農曆二月、八月舉行五文昌夫子春、秋祭典）

找廟地圖

主、副祀神明聖誕日（農曆）

天上聖母：三月二十三日	觀音佛祖：二月十九日
天官大帝：一月十五日	地官大帝：七月十五日
水官大帝：十月十五日	文昌帝君：二月三日
孚佑帝君：四月十四日	關聖帝君：六月二十四日
魁星夫子：七月七日	朱衣夫子：九月十五日
註生娘娘：三月二十日	福德正神：二月二日

地址：雲林縣北港鎮中山路178號
電話：05-7832055

起從北港朝天宮改至往新港奉天宮。此舉也加劇了「新港奉天宮」與「北港朝天宮」的正統「笨港天后宮」香火延續之爭。

民國一百零二年九月二十日，為宣揚媽祖是世界和平女神，特舉辦世界媽祖會北港活動，以四千六百四十三尊神像同堂，成功締造金氏世界紀錄。

▲朝天宮內祭品

56

北港武德宮

▲北港武德宮正殿財神殿

創建年代：民國五十九年

沿革簡介：民國六十七年成立武德宮管理委員會，主任委員：陳茂霖；副主任委員：侯榮貴、詹春泉。

民國六十九年仲春，新宮竣工，舉行入火安座大典。

民國七十一年，陳茂霖主事再次捐獻土地，作為擴建邊殿、玉皇殿等用地。

民國七十二年，陳茂霖主事匯集信眾捐資，購買同地段土地乙筆，合建天庫金爐、香客大樓等工程。

民國八十九年，偏殿——聖父母殿、三仙姑殿、太歲殿、福德殿、三官殿、文昌殿及鐘鼓樓落成。

▼北港武德宮牌樓

【信仰特色】

　　北港武德宮是台灣第一座以財神為主神奉祀的廟宇，是台灣五路武財神信仰的發源地。建宮於民國五十九年，目前占地逾四千坪，也是全國最大的財神廟。主祀中路武財神趙公明（財神爺、玄壇元帥、寒單爺），為五路財神之首，率領東路財神「招寶天尊」、西路財神「納珍天尊」、南路財神「招財使者」、北路財神「利市仙官」等四路財神部下，掌管天下四方財庫。

【香火鼎盛的故事】

　　除了傳統的安太歲、點光明燈祈福外，來財神廟最重要的就是要補財庫了，北港武德宮提供了補財庫金（天金、尺金、天官錢、天庫錢、虎錢、補運錢及財寶神衣）、代呈求財疏文、補運開運「財寶米」等招財、聚財之祈福服務。

▲北港武德宮慶典進香活動

必拜特色

消災解厄，補財庫金；「財寶米」聚財氣

▲北港武德宮「添補財庫」財寶箱

必看慶典
· 開廟門、搶頭香
· 五路武財神聖誕日
· 平安月慶讚中元

找廟地圖

主、副祀神明聖誕日（農曆）

五路武財神：三月十五日	玉皇上帝：一月九日
天上聖母：三月二十三日	天官大帝：一月十五日
地官大帝：七月十五日	水官大帝：十月十五日
福德正神：二月二日	關聖帝君：六月二十四日
瑤池金母：七月十八日	

地址：**雲林縣北港鎮華勝路330號**
電話：057-7821445

57

西螺福興宮

▲西螺福興宮鎮殿媽祖

創建年代：清雍正元年（西元1723年）
沿革簡介：西螺福興宮又稱「舊街媽祖廟」，源自清康熙五十六年（西元1717年），福建
　　　　　湧泉寺法號明海之僧人，由湄洲供奉軟身黑面媽祖神像來台，於雍正元年建廟
　　　　　於西螺。清乾隆三十五年（西元1770年）遷建新殿宇於大街。於清嘉慶五年
　　　　　（西元1800年）重修時，擴大規模為二進，中座前後及左右廊共十六間，前殿
　　　　　（正殿）祀聖母，後殿奉觀音菩薩。

▼西螺福興宮

【信仰特色】

　　每年的大甲媽祖遶境進香活動遶境到嘉義新港奉天宮時，福興宮是活動途中最重要的駐駕廟宇。每年此時，鎮內湧進萬人信徒、陣頭，成為西螺鎮內最大盛事。

　　也因為大甲鎮瀾宮所主辦的大甲媽祖國際觀光文化節，成功的將媽祖文化推向國際，福興宮遂結合了民俗、宗教、文化、觀光、產業，於民國九十三年起的國曆十月中旬舉行為期半個月的「太平媽祖文化祭——螺陽迎太平」活動。

【香火鼎盛的故事】

　　民國九十六年十月份的「太平媽祖文化祭——螺陽迎太平」，特別推出「Q版媽祖公仔」，太平媽公仔眼睛大而圓的卡通造型是一大特色，限量六百六十六個，只送不賣，大大小小的朋友都可參加，成功的以Q版太平媽形象打入年輕族群。也吸引了以廟會陣頭文化為題材的台灣本土電影《陣頭》，取景西螺福興宮，將傳統宗教文化活動年輕化、生活化。

▲西螺福興宮財神殿

必拜特色

太平媽「年輕活力、傳承螺陽」

▲西螺福興宮參拜順序告示

必看慶典

· 十月「太平媽祖文化祭——螺陽迎太平」
· 三月瘋媽祖之系列慶典

找廟地圖

主、副祀神明聖誕日（農曆）

天上聖母：三月二十三日	觀音菩薩：二月十九日
天官大帝：一月十五日	地官大帝：七月十五日
水官大帝：十月十五日	文昌帝君：二月三日
神農大帝：四月二十六日	

地址：雲林縣西螺鎮延平路180號
電話：05-5865490

58 西螺廣福宮

▲ 西螺廣福宮天上聖母

創建年代：清順治元年（西元1644年）

沿革簡介：明末清初，擇百年古榕樹下搭寮為廟，供奉天上聖母開基媽。

清嘉慶四年（西元1799年）選定現址予以重建。

清嘉慶十七年（西元1812年）擴大為二進式殿宇。

日治昭和十一年（西元1936年）再次重建，並於昭和十三年竣工。

▼西螺廣福宮

【信仰特色】

西螺廣福宮，正殿主祀天上聖母（螺陽老大媽、開基大媽），老大媽相傳於清順治年間香火隨神州大陸移民來到螺陽，因感念老大媽神威顯赫，由廣東跟福建二地移來住民集資建廟奉祀，故定廟名為「廣福宮」。由於當時西螺發展快速，於嘉慶年間，街南面又發展成另外一個街市，稱為新街，而原來的西螺就稱為舊街。因此在舊街的「西螺福興宮」又稱「舊街媽祖廟」；在新街的「西螺廣福宮」又稱「新街媽祖廟」。

【香火鼎盛的故事】

由於老大媽神威顯赫，香客絡繹不絕，遂增加財神殿、文昌殿、註生娘娘殿、月老殿、太歲殿、光明殿等。可求財運補財庫、求功名學業進步、求子安產、求姻緣求幸福、點燈祈福保安康，讓香客來到廣福宮可求其所求。

▲ 西螺廣福宮五路財神

必拜特色

大媽神威顯赫，求其所求

▲ 西螺廣福宮正殿前的天公爐

必看慶典

- 媽祖聖誕慶典活動
- 孤鸞年遶境巡安（農曆一年中，有兩次立春即是孤鸞年）

找廟地圖

主、副祀神明聖誕日（農曆）

天上聖母：三月二十三日	觀音菩薩：二月十九日
註生娘娘：三月二十日	福德正神：二月二日
中壇元帥：九月九日	五路財神：三月十五日
文昌帝君：二月三日	月老神君：八月十五日

地址：雲林縣西螺鎮新街路32號
電話：05-5863483

59

馬鳴山
鎮安宮

▲ 馬鳴山鎮安宮盧千歲

創建年代：清康熙元年（西元1662年）

沿革簡介：初以茅草搭廟，繼而以木造建廟。

清光緒十三年（西元1887年）改建成磚造廟宇。

民國四十年重新改建。

民國七十三年增建後殿，供奉觀世音菩薩、三官大帝、玉皇上帝。

民國八十三年興造五年千歲大公園。

▼馬鳴山鎮安宮

【信仰特色】

　　馬鳴山鎮安宮供奉的王爺共十二位，但因為逢五年才舉行一次大的祭典，故稱為「五年王爺」或稱為「五年千歲」。這十二位千歲依值年子丑寅卯辰巳午未申酉戌亥十二歲次順序分別為：張千歲、徐千歲、侯千歲、耿千歲、吳千歲、何千歲、薛千歲、封千歲、趙千歲、譚千歲、盧千歲及羅千歲，並擇定農曆十月二十九日為鎮安宮五年千歲之綜合聖誕。

【香火鼎盛的故事】

　　鎮安宮最著名的祭典是五年千歲元宵節遶境吃飯擔。因為早期醫學不發達，褒忠、東勢一帶流行溫疫，病死了很多人，導致許多村民恐慌，於是居民恭請鎮安宮的五年千歲出巡遶境，五年千歲遶完境後，再恭送回鎮安宮，最後終於驅除邪魔瘴癘、解除瘟疫擴大危機。為感謝神明與各陣頭隊伍，由五股十四庄村落居民輪流作東，提供油飯、麵食、湯等等豐盛美食，用扁擔挑乘，選擇村外農田空地供給所有陣頭工作人員、村民以及遊客共同享用，而流傳至今。

▲ 馬鳴山鎮安宮殿內眾神像

必拜特色

驅除邪魔瘴癘、護國佑民；尋找失物

▲ 馬鳴山鎮安宮五年千歲紀念品

必看慶典

・五年千歲元宵節遶境吃飯擔

找廟地圖

主、副祀神明聖誕日（農曆）

五年千歲：十月二十九日
玉皇上帝：一月九日
天官大帝：一月十五日
地官大帝：七月十五日
水官大帝：十月十五日
觀音菩薩：二月十九日
福德正神：二月二日

地址：雲林縣褒忠鄉馬鳴村鎮安路31號
電話：05-6972045

南區

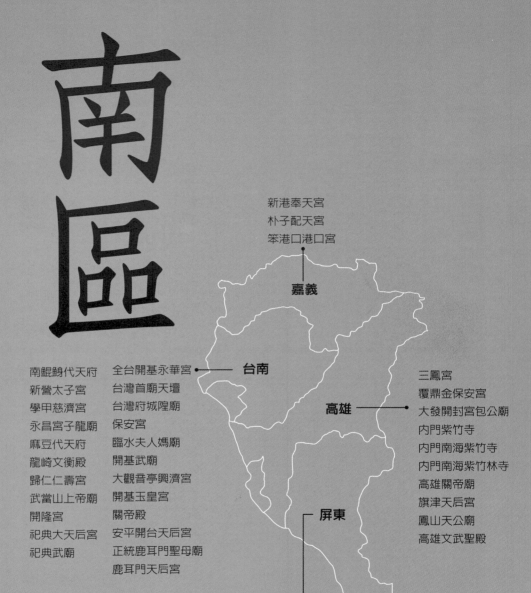

新港奉天宮
朴子配天宮
笨港口港口宮

嘉義

南鯤鯓代天府　全台開基永華宮
新營太子宮　　台灣首廟天壇
學甲慈濟宮　　台灣府城隍廟
永昌宮子龍廟　保安宮
麻豆代天府　　臨水夫人媽廟
龍崎文衡殿　　開基武廟
歸仁仁壽宮　　大觀音亭興濟宮
武當山上帝廟　開基玉皇宮
開隆宮　　　　關帝殿
祀典大天后宮　安平開台天后宮
祀典武廟　　　正統鹿耳門聖母廟
　　　　　　　鹿耳門天后宮

台南

高雄

三鳳宮
覆鼎金保安宮
大發開封宮包公廟
內門紫竹寺
內門南海紫竹寺
內門南海紫竹林寺
高雄關帝廟
旗津天后宮
鳳山天公廟
高雄文武聖殿

屏東

屏東車城福安宮
東港東隆宮
枋山五路財神廟

60 新港奉天宮

▲新港奉天宮正殿

創建年代：清嘉慶十六年（西元1811年）

沿革簡介：此地先民奉請湄洲天后宮媽祖（俗稱船仔媽）金身神像，橫渡黑水溝航經笨港時，媽祖顯聖，指示永駐此地，從此笨港十寨居民輪流奉祀。清康熙三十九年（西元1700年）與外九庄合建天妃廟於笨港，雍正八年（西元1730年）始稱「天后宮」，嘉慶十六年（西元1811年）改建新廟落成，稱為「奉天宮」，成為當地居民及廣大媽祖信徒的主要信仰中心。經內政部核定為三級古蹟。

▼新港奉天宮

【信仰特色】

相傳清嘉慶二年（西元1797年）笨港溪（今新港溪）氾濫，沖毀笨港市街和嘉義地區最早的媽祖廟——笨港天后宮。而原本奉祀在廟中的三尊媽祖神像，暫時安奉於土地公廟中。

道光六年（西元1826年）新港奉天宮與北港朝天宮爭相奉祀媽祖神像，經王得祿將軍調解，將大媽奉祀於新港奉天宮，二媽奉祀於北港朝天宮、三媽則歸入溪北六興宮奉祀。然而大媽、二媽順位之爭是否為真，已不可考。

▲新港奉天宮媽祖神轎

【香火鼎盛的故事】

鎮瀾宮的大甲媽祖遶境進香活動，以往都

▼新港奉天宮太歲殿

▲新港奉天宮正殿

▼許願牌

是到北港朝天宮，然而民國七十七年起改至新港奉天宮。此舉更加劇了「新港奉天宮」與「北港朝天宮」的正統「笨港天后宮」香火延續之爭。

　　新港奉天宮每年農曆除夕夜「陪媽祖過年」開廟門搶頭香、元宵舉行「媽祖遶境」活動，民國九十八年第一次擴大舉辦8天7夜「歡喜‧會香‧逛媽祖」，初七、初八蒞臨嘉義市為台灣燈會加持祈福，並於正月初八早上集結128尊千里眼、順風耳神創下金氏世界紀錄。正月十日和北港朝天宮展開60年來首度的會香。此次破冰之旅，是否會為正統繼承原笨港天后宮香火延續之爭畫下完美句點，尚待歷史驗證。

　　同年年底起，每年舉辦「新港奉天宮國際

媽祖文化節」，把宗教文化活動與觀光緊密結合在一起。

民國一百年擴大舉辦9天8夜「山海遊香迎媽祖」，並與溪北六興宮正三媽百年首次在奉天宮內會香。

民國一百零二年的「山海遊香迎媽祖」遶境活動擴大至11天10夜，活動也安排國際藝文交流「東瀛賞櫻媽祖遊」，藉由民間信仰力量達成台日文化交流。

「山海遊香迎媽祖」的遶境活動全程經過嘉義縣市、雲林縣等，總共10個鄉鎮市。並特別邀請了168間的宮廟共襄盛舉，將嘉義新港奉天宮國際媽祖文化節的活動，推進歷史的最高峰。

▲新港奉天宮進香廟會

必拜特色

▲新港奉天宮橫匾

原笨港天后宮香火延續、三月肖媽祖重點廟宇之一

必看慶典
· 元宵媽祖出巡遶境
· 農曆一月十四日十八庄迎媽祖
· 三月肖媽祖大甲媽祖遶境進香

找廟地圖
主、副祀神明聖誕日（農曆）

天上聖母：三月二十三日	玉皇上帝：一月九日
觀音菩薩：二月十九日	文昌帝君：二月三日
關聖帝君：六月二十四日	天官大帝：一月十五日
地官大帝：七月十五日	水官大帝：十月十五日
神農大帝：四月二十六日	

地址：嘉義縣新港鄉新民路53號
電話：05-3742034

主 祀神明
天上聖母

副 祀神明
玉皇上帝、觀音菩薩、文昌帝君、關聖帝君、天官大帝、地官大帝、水官大帝、神農大帝

61 朴子配天宮

▲朴子配天宮媽祖

創建年代：清康熙二十一年（西元1682年）

沿革簡介：康熙五十四年（西元1715年）全面改建中殿及拜殿。乾隆三十六年（西元1771年）重修，乾隆末年，奉諭旨敕賜「配天宮」，從此改稱「配天宮」。

嘉慶二十年（西元1815年），王得祿公暨其如夫人林氏，捐獻鉅金擴建神宮。

同治四年（西元1865年）重修。

民國三十六年，再由各界捐款興建鐘鼓兩樓及擴築後殿。

民國一百零一年第十次整修（百年大規模整修）。

民國一百零二年三月廿六日凌晨正殿發生大火，鎮殿媽祖奇蹟般的僅被燻黑。

▼朴子配天宮

【信仰特色】

　　鎮殿媽祖神像乃由巨大樸仔樹上半段剪斷，留樸仔樹的下半段，經削去枝幹和樹皮，彫刻成今之「鎮殿媽」。由於建廟在樸仔樹下，謂之「樸樹宮」。朴子早期地名為「樸仔腳」，因「樸」與「朴」音諧，日本據台後，鑒於「樸仔腳」地名俗氣，故於大正九年（西元1920年），改名「朴子」。朴子市即是由配天宮延伸發展出如今的繁榮光景。

【香火鼎盛的故事】

　　因皇帝聖諭將燈花燦結配天宮，從此代代相傳配天宮將此殊榮在每年的農曆正月設立傳統宮廷的燈花。官臣為使百花齊開設爐點燈，促花提早開花。每年元宵至二月底設於宮內及廣場的花海、燈海成為配天宮的特色。

◀殿內康熙皇帝御用金筊杯

▲朴子配天宮火災後，媽祖神像暫放在三川殿前

必拜特色

▲被火災燻黑的立匾

不動樸樹鎮殿媽顯神威，靈樹四季蘭有求必有應，康熙皇帝御用金筊杯真福氣

必看慶典

· 農曆正月初一福開廟門
· 元宵燈花大會
· 農曆三月二十三日聖母聖誕千秋慶典

找廟地圖

主、副祀神明聖誕日（農曆）

天上聖母：三月二十三日	玉皇上帝：一月九日
觀音菩薩：二月十九日	福德正神：二月二日
文昌帝君：二月三日	

地址：嘉義縣朴子市開元路118號
電話：05-3792350

62

▲笨港口港口宮天上聖母神尊

笨港口港口宮

創建年代：清康熙二十三年（西元1684年）

沿革簡介：肇建之初為草廟，取名為「笨港口天后行宮」。

清嘉慶十六年（西元1811年）重建成磚瓦結構。

清同治十年（西元1871年）更改宮名為「港口宮」。

清光緒三十年（西元1904年）以咾咕石重建。

民國三十七年動土奠基重建，並於民國四十八年舉行建醮祈安大法會。

民國九十四年動土重建凌霄寶殿、天上聖母殿、觀音佛祖殿，預計十年完工。

▼笨港口港口宮進香神明

【信仰特色】

笨港口港口宮是全台重要的媽祖廟之一，分靈、分香自「港口宮」的宮壇廟宇約二千餘處，信徒恭請鎮宅神尊數萬餘。每逢假期、慶典謁祖進香信徒每年高達數百萬人次。每年農曆三月媽祖壽誕，舉行六庄十一角頭大拜拜，車水馬龍空前盛況，是嘉義縣最有特色的宗教觀光聖地。

在廟中眾媽祖神像中，信徒最多的是正身三媽祖。而柳枝正二媽祖最為特殊，正二媽是以柳枝分段雕刻而成的「軟身媽祖」。

【香火鼎盛的故事】

港口宮一直以宗教觀光遊樂中心為發展目標，推動四大週邊建設，擴建香客大樓、東石鄉運動公園、大型停車場，並拓寬附近道路。未來，港口宮將兼具宗教、休閒、運動及觀光等多項功能。

▲笨港口港口宮進香神明過爐後恭迎請神

必拜特色

▲笨港口港口宮進香神明過爐

港口宮媽祖婆真靈驗，賜福信眾保平安，柳枝軟身媽祖開眼界

必看慶典

· 農曆三月二十三日聖母聖誕千秋慶典

找廟地圖

主、副祀神明聖誕日（農曆）

天上聖母：三月二十三日
觀音菩薩：二月十九日
福德正神：二月二日
註生娘娘：三月二十日

地址：嘉義縣東石鄉港口村5號
電話：05-3601002

主祀神明　天上聖母

副祀神明　觀音菩薩、福德正神、註生娘娘

63

南鯤鯓代天府

創建年代：明末清初（約為西元1662年）

沿革簡介：南鯤鯓代天府創建於明末清初，位於台南市北門區，是台灣王爺的總廟，奉祀李、池、吳、朱、范「五府千歲」，俗稱五王。因為創建於台灣開闢期間，所以又稱為「開山廟」。

西元1817年至1822年，歷經五年於現廟址進行二次建廟。日治大正十二年（西元1923年）於原址擴建，昭和三年（西元1928年）竣工，也就是今日之「南鯤鯓代天府」。民國七十四年內政部核定為國家二級古蹟。

民國一百零一年十一月「南鯤鯓代天府」籌劃約半世紀的凌霄寶殿完工。動用一萬零八百兩黃金打造出獨一無二的鎮殿之寶——純金玉旨，高六‧六公尺、寬兩公尺、厚六十公分。並於十一月十五日舉辦入火安座大典。

▲ 南鯤鯓代天府立匾

▼凌霄寶殿的鎮殿之寶「純金玉旨」

▲南鯤鯓代天府五府千歲

【 信仰特色 】

　　南鯤鯓代天府占地約六萬多坪，歷經了
明、清、日治時代到今日，從代天府分靈或分
香的廟宇高達二萬餘座，遍及海內外，如日
本、韓國、泰國、新加坡、菲律賓、美國、加
拿大、瑞典、巴西、烏拉圭等國。在在證明鯤
鯓王不只是全台灣王爺信仰的大本營，而是全
球王爺信仰的大本營。

▲南鯤鯓代天府殿內七星平安橋

▲南鯤鯓代天府殿內神將

▲凌霄寶殿玉皇上帝神尊

▼南鯤鯓代天府醒獅

【香火鼎盛的故事】

　　根據廟方所述，南鯤鯓代天府自開府以來，為全台香火最旺盛的廟宇，每年來往信徒香客高於600萬人次。根據交通部觀光局的統計，民國一百零一年整年度，南鯤鯓代天府達909萬人次，為全台前五大觀光景點的第三名。觀光局的統計人數遠遠高於廟方的保守估計。

　　民國一百零一年由網路蕃薯藤主辦的台灣十大陸客最值得拜訪宗教聖地票選，獲得第一名；全台新12景點票選活動，南鯤鯓代天府也獲得第一名；春節必拜十大廟宇獲得第二名。種種顯示出南鯤鯓代天府在華人心中地位的重要性。

　　也因為每年朝聖香客和觀光客絡繹不絕，代天府為了方便遠途香客、旅客，提供舒適優雅的住宿環境，興建南鯤鯓楝梛山莊，占地七千餘坪，一樓餐廳，可供千人用餐，堪稱全台最大也是最美的香客大樓。

▲▲南鯤鯓代天府友宮神轎
▲南鯤鯓代天府執事牌

▼南鯤鯓代天府凌霄寶殿

必拜特色

台灣王爺的總廟、獨一無二的純金玉旨、春節必拜十大廟宇、全台前五大觀光景點

必看慶典

· 王爺祭香期以五王的誕辰為主，一年四次（農曆四、六、八、九月）。以農曆四月二十六、二十七兩日李、范兩位王爺聖誕最具代表

找廟地圖

主、副祀神明聖誕日（農曆）

李府千歲（大王）：四月二十六日
池府千歲（二王）：六月十八日
吳府千歲（三王）：九月十五日
朱府千歲（四王）：八月十五日
范府千歲（五王）：四月二十七日
玉皇上帝：一月九日　　觀音佛祖：六月十九日
萬善爺（囡仔公）：八月二十四日
城隍爺：五月十三日　　地藏王：七月二十九日
註生娘娘：三月二十日　福德正神：八月十五日
中軍府：八月十八日　　虎將軍：六月六日

地址：台南市北門區鯤江里976號
電話：06-7863711

主祀神明
李府千歲（大王）、池府千歲（二王）、吳府千歲（三王）、朱府千歲（四王）、范府千歲（五王）

副祀神明
玉皇上帝、觀音佛祖、萬善爺（囡仔公）、城隍爺、地藏王、註生娘娘、福德正神、中軍府、虎將軍

64

▲太子宮太子爺

新營
太子宮

創建年代：清康熙二十二年間（約為西元1683至1688年間）

沿革簡介：新營太子宮，歷經草廟時期（西元1683至1688年）、土廟時期（西元1688至1728年），並於西元1728年於土廟原址以磚造整修擴建，逐漸成為當地聚落的信仰中心。西元1883年遷移至現今舊廟廟址。由於太子宮全台分香分靈眾多，原廟宇無法容納大量進香香客、信徒。於是決定重建新廟，並且有保留舊廟，另覓新地重建的決議。此重大抉擇，讓太子宮舊廟、珍貴文物得以保留，並於民國八十九年核定為縣定古蹟。

▼太子宮舊廟

【信仰特色】

　　新營太子宮主祀金吒太子、木吒太子及哪吒太子，歷年來神蹟不斷，相傳太子爺常化身為小孩，與孩童們打泥仗，此傳說仍是鄉民間所津津樂道的有趣神蹟。

　　而隨著時代的進步改變，神明也加緊腳步帶領潮流，近十幾年來快速發展出的電音三太子，大大抓住了年輕人的心。民國九十八年電音三太子一舉登上高雄世運的開幕式，讓全世界都看到了台灣特有的廟宇陣頭文化。接下來這幾年更頻頻出現在各種國際場合，可以說是太子爺再顯神蹟，讓世界看見台灣，太子爺做了最成功的神明外交。

　　宗教傳統文化也必須結合新科技，再加上不斷的創新才能永流傳。

【香火鼎盛的故事】

　　新營太子宮可以說是台灣最重要的太子宮，每逢太子爺聖誕，由太子宮分香出去的廟宇，紛紛返回進香朝聖，熱鬧非凡。春節期間也舉辦電音三太子擂台賽，結合商圈炒熱氣氛。太子宮的慶典活動可以說是各式神明中最活潑、最有創意的類型。

▲廟埕外的廟會活動現場可見「童乩」法事

必拜特色

太子宮舊廟、新廟並存，台灣最重要的太子宮

▲中壇元帥前的發財水

必看慶典

・春節電音三太子擂台賽
・農曆九月一日至九日太子宮香期慶典活動

找廟地圖

主、副祀神明聖誕日（農曆）

金吒太子（大太子）：十一月十日
木吒太子（二太子）：四月八日
哪吒太子（三太子）：九月九日

玉皇上帝：一月九日	註生娘娘：三月二十日
福德正神：二月二日	虎爺：六月六日
文昌帝君：二月三日	

地址：台南市新營區太北里45-2號
電話：06-6524038

65 學甲慈濟宮

▲學甲慈濟宮保生大帝

▲摸公獅求財、摸母獅求子的石獅子

創建年代：明永曆十五年（西元1661年）

沿革簡介：相傳學甲慈濟宮於明永曆十五年正式建廟，僅為簡單
草寮，歷經多次整建，清康熙四十年（西元1701年）
改建為南方式剪黏宮殿。
清咸豐十年（西元1860年）改建成華南宮殿式建築。
民國八十九～九十二年，三級古蹟廟體整修。
民國九十四年古蹟彩繪修復。

▼學甲慈濟宮

【信仰特色】

　　學甲慈濟宮是保生大帝台灣開基祖廟，奉祀的主神保生大帝（大道公吳真人）神像，係來自福建泉郡白礁慈濟宮之八百年前宋代開基古祖神像。廟中葉王交趾陶和何金龍的剪黏作品，都已是傳統工藝國寶級藝術品。慈濟宮收藏全台數量最豐富的葉王交趾陶作品，並設置「葉王交趾陶文化館」供民眾近距離觀賞葉王作品。

【香火鼎盛的故事】

　　每年農曆三月十一日學甲慈濟宮舉行「上白礁」謁祖祭典，「上白礁」主要有三個祭典儀式，宮內祭典→遶境→白醮亭祭典→返廟。遶境的藝陣和神轎規模十分盛大，蜈蚣陣、宋江陣、跳鼓陣、車鼓陣等都是「上白礁」的特色。

▲葉王交趾陶文化館

必拜特色

▲學甲慈濟宮牌樓

保生大帝台灣開基祖廟——八百年開基保生二大帝

必看慶典
· 農曆三月十一日舉行「上白礁」謁祖祭典

找廟地圖
主、副祀神明聖誕日（農曆）

保生大帝：三月十五日	註生娘娘：三月二十日
福德正神：二月二日	中壇元帥：九月九日
天官大帝：一月十五日	地官大帝：七月十五日
水官大帝：十月十五日	

地址：台南市學甲區濟生路170號
電話：06-7836110

66

永昌宮子龍廟

▲永昌宮子龍廟趙聖帝君

創建年代：清康熙三十年（西元1691年）

沿革簡介：康熙三十年築草寮供奉樟木雕刻成的大小兩尊趙雲神像，亦即今日永昌宮恭奉之
大子龍、二子龍金身。
乾隆十八年（西元1753年）籌資興建正式廟宇，至乾隆二十年（西元1755年）
完工，廟名「永昌宮」，俗稱子龍廟。
日治大正四年（西元1915年）重建。
民國七十九年再次重建，歷經十年始告完工。

▼永昌宮子龍廟

【信仰特色】

永昌宮為台灣開基子龍廟，奉祀主神為趙聖帝君，也就是三國名將常勝將軍——趙子龍。因趙子龍曾被劉禪冊封為「永昌亭侯」，故取廟名為「永昌宮」，亦稱子龍廟。廟內供奉之大子龍、二子龍之神佛金身，距今已有三百餘年。

【香火鼎盛的故事】

子龍廟是台灣少數供奉三國名將趙雲的廟宇，而地名「子龍里」也是國內少數以神明姓名來命名的村里之一。根據當地長老所傳，趙聖帝君神威顯赫，有求必應，庇佑村民躲過水災、躲過日軍屠殺等等無數災難，成為當地村民守護神。全國各地廟宇前來進香分靈供奉者近年來逐漸增多。

▲趙聖帝君騎馬塑像英姿

必拜特色

▲永昌宮子龍廟立匾

三國名將趙子龍——台灣開基子龍廟

必看慶典

· 農曆二月十六日「趙聖帝君」聖誕，祝壽酬神祭典

找廟地圖

主、副祀神明聖誕日（農曆）

趙聖帝君：二月十六日
諸葛武侯：七月二十三日
玄天上帝：三月三日
中壇元帥：九月九日
天上聖母：三月二十三日
註生娘娘：三月二十日
田都元帥：六月十一日

地址：台南市佳里區子龍里40號
電話：06-7262348

主祀神明 趙聖帝君

副祀神明 諸葛武侯、玄天上帝、中壇元帥、天上聖母、註生娘娘、田都元帥

67

麻豆
代天府

▲麻豆代天府五府千歲

創建年代：明永曆十六年（西元1662年）

沿革簡介：原廟名「保寧宮」，創建於明永曆十六年。

清咸豐七年（西元1857年）遷建於麻豆，改稱「保安宮」。

民國四十五年起，歷經十年原址重建，改稱「麻豆代天府」。

▼麻豆代天府牌樓

▲麻豆代天府神明群像

【信仰特色】

　　麻豆代天府又稱為「五王廟」，廟庭南側圓形建築的觀音寶殿，四周環繞著光明燈，其中還有世界最高的120層光明燈兩座，108層光明燈兩座，72層等大小光明燈46座，十分壯觀。

　　廟廊附建的「太歲殿」，供奉的圓明道姆元君係分靈自中國北京白雲觀辰殿。

　　廟宇後方有著斥資億元興建的巨龍，內設置有天堂、十八層地獄、水晶宮供香客參觀。

　　南北兩幢香客大樓，可同時容納多達二千多名香客夜宿。

【香火鼎盛的故事】

　　「麻豆香」由麻豆代天府主辦，科逢牛、龍、羊、狗年舉辦一次，於農曆三、四月間舉行。舉行時，麻豆代天府轄域各庄廟以及各分靈廟宇共襄盛舉，其中以蜈蚣陣、十二婆姐陣和宋江陣是「麻豆香」最為重要的陣頭。

必拜特色

▲麻豆代天府典藏的老火車頭文物

遊地獄上天堂、世界最高光明燈

必看慶典

・「麻豆香」科逢牛、龍、羊、狗年舉辦

找廟地圖

主、副祀神明聖誕日（農曆）

李府千歲（大王）：四月二十六日
池府千歲（二王）：六月十八日
吳府千歲（三王）：九月十五日
朱府千歲（四王）：八月十五日
范府千歲（五王）：四月二十七日
福德正神：二月二日
註生娘娘：三月二十日

地址：台南市麻豆區南勢里關帝廟60號
電話：06-5722133

68 龍崎文衡殿

▲ 龍崎文衡殿文衡聖帝

▲龍崎文衡殿的馬使爺及赤兔寶馬

創建年代：民國八十年

沿革簡介：龍崎鄉中坑村內的關聖帝君文衡殿，巍峨聳立，氣度非凡，供奉文聖帝君，該殿是由台南市後甲關帝殿文聖帝君分靈至此，與其他傳統廟宇不同的是，它沒有冗長的歷史，卻有一段傳奇故事。

▼龍崎文衡殿

▼與現代大眾電影文化創意結合，殿內關聖帝君與帶槍侍衛鋼鐵人

【信仰特色】

　　據文衡殿〈沿革大事紀〉所載，後甲關帝殿的信徒陳慶飛先生，25歲時怪病纏身，雙腳不良於行，每日仰賴藥物減輕病痛，當時他每天不間斷的到台南後甲關帝殿虔誠祝禱，風雨無阻。民國五十六年十月六日午夜二點，當他在殿內跪拜祈禮時，突然五彩映照，霞光萬丈，身長七尺左右的關帝爺現身顯靈，十五天後，他的怪病不藥而癒，隨後又受到聖示，投身建築事業，之後經營建築事業，一帆風順，為了傳揚神跡，造福其他信眾，於民國八十年，新建文衡殿，以感念神恩。

【香火鼎盛的故事】

　　文衡殿的殿內殿外，充滿著各式木雕、石雕的文化藝品。而且在民國一百零二年，關聖帝君也多了三個會發光的帶槍侍衛，這三個帶槍侍衛就是鼎鼎大名的「鋼鐵人」。讓跟隨家長一起來參拜的小朋友們感到興奮，紛紛拍照留念。也因為鋼鐵人的關係，讓小朋友與宗教文化的距離不再那麼遙遠。

必拜特色

▲龍崎文衡殿的雕塑藝品

文衡殿巍峨聳立，文聖帝君神力佑民

必看慶典

· 農曆九月二十日文衡聖帝（關帝爺）聖誕慶典
· 觀音菩薩聖誕慶典
· 中元普渡

找廟地圖

主、副祀神明聖誕日（農曆）

文衡聖帝（關帝爺）：九月二十日
觀音菩薩：二月十九日
天上聖母：三月二十三日
註生娘娘：一月十五日
福德正神：二月二日

地址：台南市龍崎區中坑里中坑3之2號
電話：06-5940050

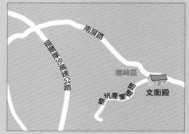

主祀神明　文衡聖帝（關帝爺）

副祀神明　觀音菩薩、天上聖母、註生娘娘、福德正神

69

歸仁仁壽宮

▲歸仁仁壽宮主祀保生大帝

創建年代：明鄭時期

沿革簡介：「仁壽宮」俗名大道公廟，據《台灣府志》記載，本宮創建於明鄭時期。宮內主祀之
保生大帝神尊係三百餘年前，明定國公鄭鴻達之部將吳鳩山，隨鄭成功來台，為祈海
途順遂，乃自福建省同安縣白礁跪祈保生大帝金身一尊，隨身攜奉，安抵台島，初僅
奉於吳宅。後因大帝顯化，靈驗異常，地方人士多獲帝佑，特念神非廟無以憑依，人
非神莫由庇護，乃有立廟之議，並由爐主吳鳩山發起募捐盛舉，於信眾同心協力下創
立廟堂。並於清雍正二年增建兩廂，規模始具。

▼歸仁仁壽宮

【信仰特色】

仁壽宮原屬於鄉村地方性廟宇，在民國八十七年羅秋川接任仁壽宮主委之後，著手規劃虛擬實境網路廟宇，開全球宗教界先例，提供信徒可以直接在網路祭拜、求籤、安太歲、點光明燈、拔智慧毛等。種種宗教信仰文化和科技結合的革命性創舉，引起宗教界譁然，有褒有貶，甚或有較傳統派的廟宇，認為這是對神明不敬的做法。然而羅秋川前主委在規劃時，就已經向大道公請示，得到保生大帝之許可。若以當時的環境來說，仁壽宮大道公即可預知網路的力量，支持羅前主委的種種宗教界革命性創舉，讓大道公的神威，得以靠網路的力量遠播全球。

▲歸仁仁壽宮立圖

▲歸仁仁壽宮執事牌

歸仁仁壽宮網路祭壇

▲ 歸仁仁壽宮首頁

▲ 歸仁仁壽宮「博筊」求籤畫面

▲ 歸仁仁壽宮網路祭壇

▲ 歸仁仁壽宮「安太歲」畫面

▲ 歸仁仁壽宮解籤畫面

▲ 歸仁仁壽宮籤詩解說畫面

民國八十八年虛擬實境網路廟宇正式上線
（www.renshow.org.tw），引起各大媒體爭相報
導，世界各地信徒一時之間大量湧入祭拜、考
生祈福、求籤、點燈、問功名。仁壽宮正式在
宗教界投下超級震撼彈，促使全台各廟宇開始
思考網路廟宇的重要性。

▲歸仁仁壽宮剪黏

當全台廟宇慢慢接受網路廟宇，也相繼設
立網站時，仁壽宮在民國九十一年又推動仁壽
宮通過ISO-9001的認證，讓廟宇也講求服務品
質，提升更優質的宗教信仰文化。

民國九十七年與台南市關帝殿合辦網路博
杯（擲筊）比賽，這項創舉又讓仁壽宮成為媒
體焦點。總決賽時，特邀請前行政院院長唐飛
到場見證。

▼歸仁仁壽宮

▲歸仁仁壽宮文昌殿

▲歸仁仁壽宮石獅

民國九十九年「博士廟公」羅秋川回歸本業，專心經營事業，由歸仁鄉長陳特清（現任台南市議員）接下主委一職。

民國一百零一年因臉書以及智慧型手機風行全球，仁壽宮網路祭壇進行改版，結合臉書，讓信徒隨時可以按讚分享。線上求籤自動產生QRCode條碼，讓信徒求完籤後，可以用智慧型手機掃瞄QRCode條碼，儲存於手機，進行線上解籤。

仁壽宮在傳統宗教文化上，總是用科技成功的製造出話題，也成功的吸引年輕族群的喜愛；讓年輕的一代可以透過科技了解民俗傳統文化。藉著科技元素達到文化的傳承是仁壽宮最大的特色。

▲歸仁仁壽宮副祀註生娘娘

【香火鼎盛的故事】

仁壽宮大帝聖威赫濯，香火鼎盛，宮譽盛傳，陪祀神明尚有中壇元帥、註生娘娘、福德正神、虎爺、屈原。故四方善信紛紛前來掛香，其中以來自台中者最多，最盛時期曾有二十餘輛遊覽車之千人進香團，人聲鼎沸，薰香嫋嫋，祝禱不綴，蔚為空前盛況，夫宗教之動人者若此，各方善信若欲往仁壽宮拈香參拜，共沐神恩，可搭乘台南往關廟的客運，至歸仁國中站下車，步行約一百公尺，即可一睹古廟風采。民國一百零二年，台灣電影《總舖師》主角之一蒼蠅師的辦桌場景即取景於此，更增添仁壽宮知名度。

每年考季，仁壽宮都會訂製文昌筆和文昌尺贈送前來點燈的考生，祈求文昌帝君加持，考試順利，金榜題名。

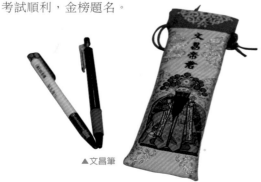
▲文昌筆

必拜特色

台南市 歸仁仁壽宮

主 祀神明
保生大帝

副 祀神明
註生娘娘、中壇元帥、文昌帝君

▲歸仁仁壽宮內十二元辰石

必看慶典

· 農曆三月十五日大道公聖誕慶典活動

找廟地圖

主、副祀神明聖誕日（農曆）

保生大帝：三月十五日
註生娘娘：三月二十日
中壇元帥：九月九日
文昌帝君：二月三日

地址：台南市歸仁區文化街二段16號
電話：06-2306568

70

武當山上帝廟

▲殿內玄天上帝神尊

創建年代：清乾隆元年（西元1736年）

沿革簡介：根據《台灣省台南縣市寺廟大觀》所載，武當山玄天上帝廟建於清乾隆元年（西元
1736年）。

先民由中國大陸湖北省武當山紫霄殿上帝公，分奉香火至本境建廟奉祀，為紀念首座
來台灣建廟，乃命名為「台灣武當山北極玄天上帝廟」。清乾隆二十年曾重修一次，
廟址原為帶圍汎武當山庄之中心。廟之香境計有十三庄，信徒參拜不絕，香火隆盛，
庄社亦繁榮興盛。

▼武當山上帝廟

【信仰特色】

　　玄天上帝，也稱北極玄天上帝、北帝、真武大帝、玄天上帝、玄武大帝、北極大帝、元武神等稱；俗稱上帝公、上帝爺或帝爺公。據傳玄天上帝原本是屠宰業者，因一時悟道，放下屠刀立地成佛，同時把屠刀剖開心腹，取出腸肚洗清罪過。

【香火鼎盛的故事】

　　武當山廟北方曾有一棵年逾三百餘年之芒果樹，此地居民尊稱為「古樹公」。神奇的是樹上的「半天土」和「半天水」有治病神效，於是在樹下設置「古樹公壇」供鄉民祭拜，縣政府將之列為珍貴古樹。古樹於民國八十五年枯死，原樹下「古樹公壇」則被移至武當山廟東方之樟樹下。

▲廟埕外廟會活動

▲武當山上帝廟三界公爐

必拜特色

「上帝公」消災解厄、顯化指點迷津

必看慶典

· 農曆三月三日上帝公聖誕慶典

找廟地圖

主、副祀神明聖誕日（農曆）

玄天上帝：三月三日
註生娘娘：三月二十日
福德正神：二月二日

地址：台南市歸仁區武東二街42巷200號
電話：06-2781687

71

開隆宮

▲主祀七星娘娘

創建年代：清雍正十年（西元1732年）

沿革簡介：清乾隆、嘉慶年間，五條港（今中西區一帶）貿易興盛，是台南府城最繁榮的地方之一，許多鄉民都在五條港工作。因當時河港苦力需成年（滿十六歲）才可以領成人的全薪，所以發展出在農曆七夕，祭拜七星娘娘「做十六歲」以感謝順利成長的習俗；也會請來工頭及親朋好友一同歡慶，同時向工頭證明孩子已經長大成人，可以領取大人的全份薪資。五條港沒落之後，「做十六歲」，反而一度成為有錢人家的「長子」才有能力舉辦的習俗。

《台灣通史》：「富厚之家，子女年達十六歲者，糊一紙亭，祀織女，刑牲設醴，以祝成人，親友賀之。入夜，婦女陳花果於庭，祀雙星，猶古之乞巧也。」

▼開隆宮

▼副祀註生娘娘

【信仰特色】

府城民間信仰中的七娘媽（七星娘娘），是兒童的保護神。

過去台南府城民間流行一種「成年禮」，在孩子十六歲的時候，要到七娘媽廟燒金紙、經衣、七娘媽亭等。男孩必須經過「出鳥母宮」，女孩則參加「出婆媽」的儀式，藉此儀式表示孩子已經長大，也象徵著可以開始領成人的全薪工資，分擔家計。

【香火鼎盛的故事】

做十六歲最早以開隆宮為主，緊接著臨水夫人廟也開始舉辦「做十六歲」，近年經市政府文化局積極推動後，民國八十八年，安平天后宮也開始舉辦。隨著政府的提倡，台南其他地區也開始推動，關帝殿、下營區上帝廟、東山碧軒寺也都接連舉辦「做十六歲」。

▲開隆宮立圖

必拜特色

「七娘媽」做十六歲成年禮

▲副祀臨水夫人

必看慶典

· 「做十六歲·轉大人」

找廟地圖

主、副祀神明聖誕日（農曆）

七星娘娘：七月七日
臨水夫人：一月十五日
註生娘娘：三月二十日
福德正神：二月二日
文昌帝君：二月三日
觀音菩薩：二月十九日

地址：台南市中西區中山路79巷56號
電話：06-2212137

旱溪三街
旱溪東路一段
旱溪西街一段
旱溪一街
旱溪樂成宮
旱溪街
東光園路

72

祀典大天后宮

▲大天后宮鎮殿媽祖

創建年代：清康熙二十三年（西元1684年）

沿革簡介：大天后宮由原明代寧靖王府故宅改建而成。

清康熙二十二年（西元1683年），清軍派鄭成功舊屬施琅率兵攻打台灣，鄭克塽降清，寧靖王朱術桂及其五妃（現供奉於台南市五妃廟）均自縊於寢宮而殉國。施琅班師回朝，鑒於台灣先民敬仰媽祖，為收復民心，乃奏請清廷將寧靖王府改建為天妃宮。

傳說當年施琅攻台時，駐軍寧靖王府邸，後院中有一對龍目井，井水不多，但自從施琅駐紮此處後，井水噴湧不盡，足供大軍使用，施琅奏請將此處改制為台郡天妃宮。

康熙二十三年康熙御匾「輝煌海漵」，晉封天后，改制官廟。這是台灣最早的官建媽祖廟，同時媽祖受封「天后」也是由本廟開始。現今廟宇的樣貌主要沿襲自清道光元年（西元1821年）的大整修之後，並由內政部核定為國家一級古蹟。

▼大天后宮

【信仰特色】

「鎮殿媽祖」為明代神像造形（高一丈八
尺高），頭戴「冕旒九游」（頂冠有垂珠九
排，每排九珠），原為金色面孔，長年被香火
燻成黑色。民國九十三年六月十一日因故受損
後，才發覺神像原來是金色面孔；民間原稱呼
鎮殿媽為黑面大媽，修護完工後遂稱為金面大
媽「祀典媽」。

祀典大天后宮內月老殿供奉的「月老公」
非常靈驗，香火鼎盛，每年都有幾百對的夫妻
前來還願。祀典大天后宮每周六、日都有月老
志工解說祭拜月老的程序，也設立了「月老專
線」提供未婚男女一對一配對，並且可以到廟
內免費相親，服務相當周到。

▲大天后宮「台灣開基祖廟」碑

▲大天后宮月老許願牌

【香火鼎盛的故事】

根據石萬壽教授的研究，目前台灣香火最鼎盛的其中四座媽祖廟都是台南大天后宮的分香或再分香。根據中華民國四十五年四月二十七日《中華日報》的報導，每年北港媽祖照例會在農曆三月十七日來台南府城大天后宮進香，但因為距今43年前（日治大正二年），北港媽祖將歷年的「進香」活動，改稱為「南巡」，又將往年「歸寧」的「三媽」易以「糖郊媽」，致為台南市大天后宮所不滿，遂將糖

郊媽祖扣留不放,自此每年一次的北港媽祖來台南市進香盛事,宣告中斷。

▲大天后宮三川殿

必拜特色

台灣最早的官建祀典媽祖廟;「月老公」促良緣,千里一線牽

▲大天后宮龍目井

必看慶典

- 天上聖母聖誕慶典
- 每四年一科祀典大后宮府城迎媽祖

找廟地圖

主、副祀神明聖誕日(農曆)

天上聖母:三月二十三日	臨水夫人:一月十五日
註生娘娘:三月二十日	福德正神:二月二日
月下老人:八月十五日	天官大帝:一月十五日
地官大帝:七月十五日	水官大帝:十月十五日
水仙尊王:十月十日	四海龍王:一月六日

地址:台南市中西區永福路二段227巷18號
電話:06-2227194

73

祀典武廟

▲鎮殿大關帝神尊

創建年代：明鄭時期永曆十九年（西元1665年）

沿革簡介：祀典武廟俗稱「大關帝廟」又稱「武廟」，是因為新美街的開基武廟稱為「小關帝廟」。清康熙二十九年（西元1690年），由台廈道王效宗主持重建關帝廳，將廟門改為南向，並擴大格局使其擁有正殿、後殿、左右廡廊及初拜殿、三川門、廟前石埕等，即今日所見之大致格局。

民國七十二年經內政部核定為一級古蹟。

民國八十年政府補助經費，修護一級古蹟，民國八十四年竣工。

▲關聖爺的大刀

▼一級古蹟祀典武廟

【信仰特色】

清雍正三年（西元1725年），敕封關帝祖祭三代公爵，並製神牌，且奉旨每年春秋二祭，遂成為全台規模最大，也是唯一擁有「祀典」尊崇的武廟，與全台首學的祀典文廟「孔子廟」互相輝映。

【香火鼎盛的故事】

正殿主祀關聖帝君，鎮守境內平安，保護信眾經商得利、財源滾滾。後殿的觀世音菩薩慈悲廣被，聞聲救苦。「西社」五文昌帝君，保庇考生考試順利。月老公靈驗牽紅線，有情人終成眷屬。天官、地官、水官，三官大帝保境無災。是信眾參拜、旅客觀光最佳的一級古蹟宗教藝術殿堂。

另外廟埕前方的武廟肉圓，總是排滿人潮。從下午1：30營業時間起，三至四個小時內即銷售一空，是值得推薦的台南美食小吃。

◀乾隆重修碑記

必拜特色

一級古蹟宗教藝術殿堂

▲神情活靈活現的交趾陶

必看慶典
・關聖帝君聖誕慶典

找廟地圖

主、副祀神明聖誕日（農曆）

關聖帝君：六月二十四日	觀音菩薩：二月十九日
天官大帝：一月十五日	地官大帝：七月十五日
水官大帝：十月十五日	文昌帝君：二月三日
孚佑帝君：四月十四日	朱衣神君：九月十五日
魁斗星君：七月七日	月老神君：八月十五日

地址：台南市中西區永福路二段229號
電話：06-2294401

主 祀神明 關聖帝君

副 祀神明 觀音菩薩、三官大帝、文昌帝君、孚佑帝君、朱衣神君、魁斗星君、月老神君

74

全台開基
永華宮

▲ 開基鎮殿廣澤尊王

創建年代：明永曆十六年（西元1662年）

沿革簡介：據《永華宮沿革》載，永華宮主祀廣澤尊王，是台灣最早的廣澤尊王廟，開基的軟身廣澤尊王金身「鎮殿老太王」相傳是在明永曆十六年，延平王鄭成功的諮議參軍陳永華將軍，由福建南安鳳山寺恭迎隨軍來台。並沿用祖廟名「鳳山寺」，亦即「永華宮」的前身。

日治大正十三年（西元1924年）因日本政府興建台灣銀行，廟地被徵收，隔年遷移至孔廟對面巷內（即現今之廟址）暫時安奉神明。直至民國三十五年才重建，民國四十七年擴建重修，始成今貌。

▼ 永華宮

【信仰特色】

　　廣澤尊王是中國福建泉州三邑南安的鄉土神，又稱「保安尊王」、「郭相公」、「郭聖公」、「郭聖王」、「翹腳仔」、「翹腳王」、「聖王公」等。會稱為「翹腳仔」，是因為在一次打坐時得道昇天，其母親發覺不對，看到他盤著兩腿而飛昇，於是想去拉阻，卻只拉下了他的左腳，而右腳仍然盤膝。所以「聖王公」的金身造像為童顏、雙目圓睜平視，一腳盤腿，一腳下垂的「翹腳」造型。

【香火鼎盛的故事】

　　創建於清康熙五十七年（西元1718年）的西羅殿（台南市和平街90號），和「永華宮」都算是台灣歷史最悠久、最有名氣的廣澤尊王廟宇。永華宮為了紀念「陳永華將軍」恭迎「聖王公」來台，遂改廟名為「永華宮」，並且奉祀將軍金身於三樓殿內，以昭功績！

▲掛滿許願牌的老樹

必拜特色

開基的軟身廣澤尊王金身「鎮殿老太王」

▲永華宮立匾

必看慶典

・農曆八月二十二日廣澤尊王成道慶典活動

找廟地圖

主、副祀神明聖誕日（農曆）

廣澤尊王（聖誕）：二月二十二日
廣澤尊王（成道）：八月二十二日
福德正神：二月二日　　北斗星君：八月三日
南斗星君：九月一日

地址：台南市中西區府前路一段196巷20號
電話：06-2242319

主祀神明　廣澤尊王

副祀神明　福德正神、北斗星君、南斗星君

75

台灣首廟天壇

▲主祀玉皇上帝

創建年代：明鄭時期（西元1661~1683年）

沿革簡介：明鄭時期祭天的地點，昔稱此地為「天公埕」。

　　　　　清咸豐四年（西元1854年），府城官民創建天壇，並於咸豐五年竣工，定名為「天公壇」。

　　　　　日治明治三十二年（西元1899年）募資重修，並將「天公壇」改稱「天壇」。

　　　　　民國三十四年戰後，因廟宇破損不堪，乃成立重建委員會著手募捐經費，自民國三十八年三月動手修建，至民國四十年元月完工。

　　　　　民國七十二年，廟名改稱「台灣首廟天壇」。

▼台灣首廟天壇

▲武聖殿太歲殿

必拜特色

《台灣通史》唯一記載台南主祀玉皇上帝的廟宇

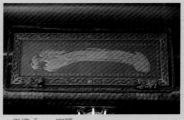
▲天壇「一」字匾

必看慶典

・玉皇上帝（天公）農曆正月初九萬壽
・光明法會（配合高中及大學入學考試時間舉辦）

找廟地圖

主、副祀神明聖誕日（農曆）

玉皇上帝：一月九日	關聖帝君：六月二十四日
天官大帝：一月十五日	地官大帝：七月十五日
水官大帝：十月十五日	文昌帝君：二月三日

地址：台南市中西區忠義路二段84巷16號
電話：06-2227983

【信仰特色】

　　玉皇上帝，又稱「玉皇大帝」、「玉皇」、「玉帝」、「玉皇大天尊」，俗稱「天公」、「天公祖」、「上天」、「老天」、「老天爺」等，是道教中的天界實際領導者，也是地位最高的神明之一。而台灣首廟天壇是台灣少見之以牌位「玉皇大帝聖位」祭祀的天公廟，廟中的「一」字匾與台灣府城隍廟「爾來了」匾、竹溪寺「了然世界」匾被譽為府城三大名匾。

【香火鼎盛的故事】

　　台灣首廟天壇廟址原為明永曆十五年（西元1661年）鄭成功驅逐荷蘭人收復台灣之後，奉明正朔，就圈領一地，壘土為台做為祭告天地之所。於是稱此地為「天公埕」，即今「台灣首廟天壇」，俗稱「天公廟」。其後，每年玉皇上帝聖誕，皆設於埕西舉行祭典。

76

台灣府城隍廟

創建年代：明永曆二十三年（西元1669年）

沿革簡介：明永曆二十三年鄭氏所建，是全台首座城隍廟。

歷經清康熙三十二年（西元1693年）、清乾隆二十四年（西元1759年）、清乾隆四十二年（西元1777年）、清嘉慶四年（西元1799年）、清道光八年（西元1828年）、日治昭和十二年（西元1937年）等多次重修。民國八十六年獲得內政部全額補助重修。現由內政部核定為二級古蹟。

▲府城隍爺威靈公

▼台灣府城隍廟

【信仰特色】

　　城隍爺是護國佑民的神祇，掌管陰陽兩界，賞罰分明，深得民眾的信仰和敬畏。廟中的超大算盤「善惡權由人自作，是非奠定法難容」，是計算人生前的功與過，有勸人為善勿作惡之意。三川殿大門入口高懸著「爾來了」三個字的匾額，意謂終究都須到此報到，也象徵著城隍爺無上的權威。「爾來了」匾、台灣首廟天壇「一」字匾與竹溪寺「了然世界」匾，合稱為府城三大名匾。

【香火鼎盛的故事】

　　正殿主祀府城隍爺威靈公，從祀文武判官、七爺八爺及二十四司，各司其職。二十四司，是城隍爺的屬官。因為二十四司中的「考功司」是考核官吏成績，「學政司」則是管理教育與考運，所以每逢考季，「學政司」、「考功司」的案前總是擺滿考生的准考證影印本，以祈求考試順利。

▲傳統宗教藝術交趾陶

必拜特色

「作事奸邪盡汝燒香無益、居心正直見我不拜何妨」

▲台灣府城隍廟「爾來了」

必看慶典

· 台灣府城隍威靈公聖誕慶典

找廟地圖

主、副祀神明聖誕日（農曆）

台灣府城隍威靈公：五月十一日
觀音菩薩：二月十九日
地藏王菩薩：七月三十日
天上聖母：三月二十三日
註生娘娘：三月二十日
福德正神：二月二日
月老神君：八月十五日

地址：台南市中西區青年路133號
電話：06-2237316

77 保安宮

▲ 保安宮李府千歲

創建年代：清康熙五十四年（西元1715年）

沿革簡介：「保安宮」自古稱「南廠保安宮」，主祀李府千歲乃漁民自大陸恭請金身來台，
初只建小祠供奉，康熙五十八年建立保安宮。

清乾隆三十七年（西元1772年）重修並增建佛祖聽。

民國四十五年，為開闢財源，籌備基金，乃於建設「保安市場」攤位之際，董
事會參加興建四座攤位，將其利益收入充為修建基金。

▼保安宮

【信仰特色】

　　五府千歲亦為「五王」、「王爺神」的尊稱，是鑒察善惡以施降福禍的大神。王爺是代表天帝巡察人間善惡、驅瘟除疫的神祇，台灣供奉王爺的廟大多稱為「代天府」，王爺出巡則稱為「代天巡狩」。

【香火鼎盛的故事】

　　保安宮除奉祀「李池吳朱范」五府千歲外，尚有供奉白蓮聖母「石龜」。清高宗御筆親題石碑與石龜十隻，該十隻石龜運到台南安平港內鯤鯓湖，搬小船時，一隻遺落水中，不見蹤影。其餘九隻運到台南福康安祠後再搬至赤崁樓，也就是現今赤崁樓所陳列之石龜。而落水石龜奇蹟般出現在石龜塭，成為神龜，由信徒恭請前來供奉，名曰白蓮聖母。飲其靈水可獲安詳，神靈顯赫保國佑民。

▲保安宮白蓮聖母

必拜特色

五府千歲「代天巡狩」驅瘟疫、白蓮聖母保安詳

▲彩繪大師潘麗水的門神作品

必看慶典

- 農曆四月二十六日李府千歲聖誕慶典

找廟地圖

主、副祀神明聖誕日（農曆）

李府千歲(大王)：四月二十六日
池府千歲：六月十八日
吳府千歲：九月十五日
朱府千歲：六月二十日
范府千歲：三月二十八日
觀音菩薩：二月十九日　　註生娘娘：三月二十日
福德正神：二月二日　　　白蓮聖母：一月三日

地址：台南市中西區保安路90號
電話：06-2286967

臨水夫人媽廟

創建年代：清乾隆元年（西元1736年）

沿革簡介：位於台南女中附近，緊鄰延平郡王祠，建於清乾隆元年（1736年），稱為臨水夫人廟。清光緒十二年曾重修，民國二十四年重建，民國三十七年、五十一年各整修一次，並改稱為「臨水夫人媽廟」。其後因為年久失修，遂報請重建，於民國七十二年動土整建，並於民國七十八年元月完成重建工程。

▲臨水夫人媽廟臨水夫人

▼臨水夫人媽廟廟口

【信仰特色】

「臨水夫人媽」又稱陳靖姑；安胎保產之神，為道教所崇奉三奶夫人之一（三奶夫人──臨水夫人、林紗娘、李三娘等夫人），福州下渡人，生於唐哀宗天佑二年（西元905年）一月十五日。

福建百姓俗稱：順天聖母、臨水陳太后、臨水奶、娘奶等。

台灣百姓俗稱：娘奶、太后陳靖姑、臨水夫人媽、三奶夫人、三宮夫人等。

臨水夫人媽廟香火絡繹不絕，信徒多為求子、祈求生產順利、祈求小孩子能平安長大或產後來還願等。堪稱為婦女、兒童之第一守護神。另與開隆宮同為台南市民「做十六歲轉大人」儀典的主要廟宇。

▲臨水夫人媽廟花公花婆神尊

▲臨水夫人媽廟大殿

▲ 進香過爐

【香火鼎盛的故事】

　　相傳臨水夫人媽係觀世音菩薩的化身，陳靖姑年少時即具有通幻通靈的能力，十八歲嫁給劉杞為妻。懷孕幾個月後，福建一帶鬧大旱災，陳靖姑雖然已懷孕數月，但仍帶著身孕設壇施法祈雨，雖然旱象獲得解除，可是陳靖姑因動胎氣而流產過世，年僅二十四歲。死時發下誓言：「死後要做助產神，專門救助難產婦女」。

　　求順利生產拜臨水夫人，若求子則拜註生娘娘。求白花代表兒子，求紅花代表女兒。

　　如果是求子，最好先進入廟宇詢問工作人員，告之希望求得臨水夫人堂前的鮮花。

　　依序上香後跟三奶夫人許願，稟明姓名、農曆出生年月日、地址；詳細說明祈求心願。

▼ 臨水夫人媽廟

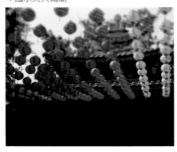

若求得連續三聖筊，即可求到堂前花。然後將花戴在頭上一陣子（大約5至10分鐘），燒完金紙再將花放在紅包紙袋。

回家以後將裝有花的紅包袋放在枕頭裡面或者乾淨的櫃子，洗完澡後把花拿出來戴上大約五分鐘，連續三天重戴帶花的動作。然後把花再放回原位收好，就不要再動花。

如果有順利懷孕生子，再用那兩朵花過水攪一攪，讓嬰兒洗澡，以祈求小孩子能平安長大。

十六年後的七夕，可以帶著小孩回到臨水夫人媽廟「做十六歲」，依禮上香祈福、鑽轎亭，完成「做十六歲」儀式；讓青春少年學習尊親、感恩「轉大人」。

▲ 求得三聖筊的信徒，可取臨水夫人媽廟殿前花

必拜特色

求子得子、安胎保產、保佑幼兒平安順利——婦幼守護神

▲ 臨水夫人媽廟立圖

必看慶典

· 臨水夫人聖誕慶典
· 七夕「做十六歲」轉大人

找廟地圖

主、副祀神明聖誕日（農曆）

大媽陳奶（臨水夫人）：一月十五日			
註生娘娘：三月二十日		二媽林奶：八月十五日	
三媽李奶：九月九日		福德正神：二月二日	
大聖爺公：十月十二日			

地址：台南市中西區建業街16號
電話：06-2136268

79

開基武廟

▲正殿主祀關聖帝君

創建年代：明永曆二十三年（西元1669年）

沿革簡介：「開基武廟」是台灣最早的關帝廟，俗稱「關帝港武廟」，又因與「祀典武廟」
同為祭祀關公的廟宇，而面積較小，所以一般人又稱為「小關帝廟」，與祀典
武廟同為台南兩大祭祀關聖帝君的廟宇。清乾隆四十一年（西元1776年）重建
時，於殿後增建文武殿。清嘉慶二十三年（西元1818年）重建時，奠定了今日
的建築規模，並且將原「文衡殿」的名稱改為「開基武廟」。在經過多次整建
之後，僅留存武廟正殿部分的古蹟，因此內政部於民國七十四年核定為三級古
蹟時，特地命名為「開基武廟原正殿」。

▼開基武廟

▲主祀關聖帝君

【信仰特色】

　　主祀關聖帝君是歷史上三國時代的猛將關羽，具有高尚的五常品格——仁、義、禮、智、信和忠義之氣，是台灣民眾所最敬仰的神明之一。廟內匾額從乾隆年間的「衡文天闕」、嘉慶年間的「行大道」到光緒年間的「立人極」，都是有名的古匾。

【香火鼎盛的故事】

　　開基武廟原是寧靖王府（今祀典大天后宮）的鐘樓，入清後才正式改為廟宇，名「文衡殿」。與大天后宮、祀典武廟、赤崁樓相距都在幾百公尺內，不但是台南府城最有名的古蹟，也緊鄰著民族路的商圈。附近有台南擔仔麵、赤崁樓旁的鍋燒、棺材板、虱目魚粥等各式台南有名小吃；古蹟巡禮、廟宇祈福、觀光美食可一次滿足。

▲開基武廟馬使爺

必拜特色

台灣最早的關帝廟「開基武廟」、三級古蹟

▲開基武廟馬使爺

必看慶典

- ·農曆一月十三日關聖帝君飛昇慶典
- ·農曆六月二十四關聖帝君聖誕慶典

找廟地圖

主、副祀神明聖誕日（農曆）

關聖帝君：六月二十四日
關聖帝君飛昇：一月十三日
觀音菩薩：二月十九日
天官大帝：一月十五日　　地官大帝：七月十五日
水官大帝：十月十五日　　福德正神：二月二日

地址：台南市中西區新美街114號
電話：06-2214671

80

▲大觀音亭興濟宮觀音佛祖

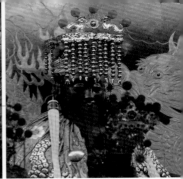

▲大觀音亭興濟宮保生大帝

大觀音亭興濟宮

創建年代：明鄭永曆三十二年（西元1678年）

沿革簡介：「大觀音亭」和「祀典興濟宮」兩廟中隔著「官廳」，是全台獨一無二「佛、道平行同祀」的古寺老廟。明鄭永曆三十二年建「觀音宮」，供奉觀音菩薩。清康熙時重修擴建之後，改名「觀音亭」，後來又因要與小東門的「觀音亭」區分，而改稱為「大觀音亭」。明鄭永曆三十三年（西元1679年），又在「大觀音亭」旁建今興濟宮奉祀保生大帝，當時稱為「大道公廟」，後因為要與良皇宮區別，稱「頂大道公廟」，良皇宮則稱「下大道公廟」。

▼興濟宮

▲大觀音亭興濟宮官廳

【信仰特色】

　　「大觀音亭」創建年代久遠，是明鄭時期規模最大的觀音廟，也是台灣觀音信仰的發源地之一，所以又稱「台疆祖廟」。主祀觀音菩薩，亭內「月老公」因造型特殊，說媒功力一流，十分靈驗，為府城四大月老之一。

【香火鼎盛的故事】

　　「祀典興濟宮」主祀保生大帝，因位於台南府城城區北面，所以又稱為「頂大道公廟」。清同治、光緒年間曾顯靈護佑清軍開山撫番有功，由欽差大臣沈葆楨奏請朝廷諭令官員「朔望有功、春秋致祭」，而成為台灣唯一清代官祀之保生大帝廟。民國一百年復辦「春、秋二祭」。

▲大觀音亭興濟宮月老公

必拜特色

全台獨一無二「佛、道平行同祀」、國家三級古蹟

▲興濟宮立匾

必看慶典

· 每年農曆三月中旬與農曆八月中旬，祀典興濟宮之「春、秋二祭三獻大禮」

找廟地圖

主、副祀神明聖誕日（農曆）

觀音菩薩：二月十九日
保生大帝：三月十五日
釋迦牟尼佛：四月八日
藥師佛菩薩：九月二十九日
月老神君：八月十五日

地址：台南市北區成功路86號
電話：06-2286720

81 開基玉皇宮

▲ 開基玉皇宮玉皇上帝

創建年代：明永曆二十四年（西元1670年）

沿革簡介：明朝末年，泉漳人士渡海來台求發展，並於家鄉恭請玉皇上帝、玉皇三公主娘香火及玉皇四太子木雕神像乙尊，隨身供奉來台，以求一路平安，然後將香火及神像供奉在尖山之頂。因玉皇四太子顯世繼民、神威顯赫，遂於明鄭永曆二十四年集資建廟，廟名曰「玉皇太子宮」。清嘉慶五年（西元1800年）重建之時，聘請福州匠師雕塑玉皇上帝、玉皇四太子、玉皇三公主娘之大型軟身神像及三官大帝等神尊。並奉玉皇上帝為主祀，更改廟名為「開基玉皇宮」。

▼開基玉皇宮

【信仰特色】

　　開基玉皇宮俗稱「舊天公廟」，一樓主殿供奉三官大帝。二樓正殿主祀玉皇上帝；副祀玉皇四殿下、玉皇三公主娘。一、二樓偏殿奉祀三清道祖、五文昌公、盤古聖祖、玄天上帝、五斗星君、三寶佛、觀音菩薩、張府天師、月老公、註生娘娘等佛、道教各式神明。不論求事業、健康、福祿、功名、姻緣等，以虔誠之心必有所應。

【香火鼎盛的故事】

　　民國六十八年，經信徒大會的決議，放棄增列古蹟之列。並籌組修建委員會，擴建廟殿，至民國七十二年完工。與核定為三級古蹟的「台灣首廟天壇」並稱府城最重要的兩大天公廟。每年的「天公生」，從初八傍晚起便開始湧入人潮，入夜燈火通明，信眾絡繹不絕，以祈求玉皇上帝的庇佑。

▲殿內舉行的收驚儀式

必拜特色

佛、道諸神聚集，庇佑平安順利

▲ 開基玉皇宮三寶佛組

必看慶典

・「天公生」玉皇上帝聖誕慶典

找廟地圖

主、副祀神明聖誕日（農曆）

玉皇上帝：一月九日
玉皇四殿下：五月二日
玉皇三公主娘：九月六日
天官大帝：一月十五日
地官大帝：七月十五日
水官大帝：十月十五日
張 天 師：五月十八日

地址：台南市北區佑民街111號
電話：06-2240267

開基玉皇宮

82

關帝殿

▲關帝殿大關帝

▲關帝殿馬使爺

創建年代：明永曆年間

沿革簡介：相傳「關帝殿」建於西元1644年，最初只是茅草建築，到清嘉慶二十二年（西元1817年）重建時，才將廟宇規模加以擴展。民國九十二年正式通過ISO9001國際服務品質認證，成為繼歸仁「仁壽宮」之後，第二間取得ISO認證的廟宇。

▼關帝殿正殿

【信仰特色】

　　台南「關帝殿」原廟名「關帝廳」，因位於東區後甲，所以俗稱「後甲關帝廳」，也方便信眾與中西區的「關帝廳」有所區分。至民國七十九年遂改名為「關帝殿」。

　　民國七十一年，「關帝殿」曾被列為三級古蹟，但因為年久失修、廟基損毀，在民國七十四年成立修建委員會著手進行重修。而關帝殿也因為這一次的整建，失去了古蹟的地位。

【香火鼎盛的故事】

　　殿內提供多項信徒服務：

　　「殿內光明燈」：保佑闔家平安、前途光明、事業發達、財源滾滾。「文昌燈」保佑學業進步、考運亨通、公務員升等考試順利。「財神燈」求財得利、財源廣進。「姻緣燈」月老賜福結佳緣。

　　「安太歲燈」：太歲當頭坐，無災恐有禍，太歲出來現，無病恐破財。因此凡犯沖者，按例均安奉太歲為宜。並於民國一百零二年首度舉辦求「發財金」，信眾只要擲得一個聖筊，就能向廟方登記借陸百元的發財金。求得之後，須在一年內歸還。

◀十二元辰石

必拜特色

神威顯赫，屢顯神蹟

▲註生娘娘、七娘媽

必看慶典

· 關聖帝君聖誕慶典
· 七夕「做十六歲」成年禮

找廟地圖

主、副祀神明聖誕日（農曆）

關聖帝君：六月二十四日
關聖帝君飛昇：一月十三日
文昌帝君：二月三日　　七娘媽：七月七日
註生娘娘：三月二十日　福德正神：八月十四日
月老公：八月十五日　　關平太子：五月十三日
周倉將軍：十月二十三日

地址：台南市東區中華東路二段96巷1弄1號
電話：06-2340767

83

▲殿內大媽、二媽、三媽

安平開台天后宮

創建年代：明永曆二十二年（西元1668年）

沿革簡介：安平開台天后宮約興建於明永曆二十二年，廟名曰「天妃宮」。所奉祀之媽祖係由鄭成功的軍隊從湄洲嶼媽祖廟中恭迎來的「軟身媽祖」；直接承襲了湄洲媽祖香火，神威顯赫、盛極一時。

然而日治時期，有五十六人在媽祖廟內慘遭日軍屠殺，日軍將其埋葬於廟後方空地，因廟堂為血腥所濺，又有冤魂出沒的傳說，於是香火漸淡、廟宇荒廢。又因為原址更改為小學，廟中神像只能暫寄他處。直到民國五十一年開啓重建之路，費時將近四年，於民國五十五年竣工落成，並奉請三尊媽祖神像入廟安座。

▼安平開台天后宮

【信仰特色】

　　早期日本長崎港口就有媽祖信仰，西元1632年創立的「東明山興福寺」也是長崎歷史最悠久的媽祖廟。民國一百年透過台南市政府與日本媽祖文化交流協會居中聯繫，基於共同的媽祖文化信仰，在日本媽祖文化交流協會會長陳東華與台南市長賴清德見證下締結金蘭，間接促成雙方宗教、文化、觀光交流的契機。

【香火鼎盛的故事】

　　天后宮的三尊媽祖神像皆為軟身神像（手指可以活動），左手拉著手帕，右手執著扇子。民國七十九年時天后宮失火，所幸三尊媽祖神像皆倖免於難，得以保存下來。

　　參拜完天后宮之後，可以到古堡街、延平街品嚐蝦餅、蝦捲、蚵仔煎等各式安平小吃。延平街又稱為「安平老街」、「台灣第一街」，聚集了許多傳統特色店家、柑仔店、古早味童玩、百年的蜜餞店等等，是值得一遊的老街。

▲安平開台天后宮牌樓

必拜特色

歷史淵源最悠久的媽祖廟

▲安平開台天后宮立匾

必看慶典

・元宵節跋錢龜、壽龜
・媽祖聖誕慶典
・七夕安平做十六歲——感恩之旅

找廟地圖

主、副祀神明聖誕日（農曆）

天上聖母：三月二十三日
玉皇大帝：一月九日
文昌帝君：二月三日
開台聖王：七月十四日
四海龍王：一月六日
水仙尊王：十月十日

地址：台南市安平區國勝路33號
電話：06-2292316

84 正統 鹿耳門聖母廟

▲正統鹿耳門聖母廟天上聖母

創建年代：西元1641年

沿革簡介：據傳在西元1641年時，即由鹿耳門的漁民搭建草廟，前殿奉祀水仙尊王，中殿
則主祀與真人同高的天上聖母軟身神尊，當地稱為「鹿耳門媽」，即聖母廟的
前身。至明永曆十五年（西元1661年），延平郡王鄭成功率軍來台，登陸鹿耳
門，鹿耳門媽顯靈相助。為感念神恩重建聖母廟，添建兩廂側室，稱文館、武
館，並增祀隨艦而來的三尊聖母神像。

▼正統鹿耳門聖母廟

【信仰特色】

清道光十一年（西元1831年）七月，曾文溪氾濫，媽祖廟遭水淹，鹿耳門媽等神尊於是寄祀在三郊海安宮。日治大正三年（西元1914年），土城角頭長老發起建廟於土城中心，於大正七年落成安座，並將寄祀在海安宮之鹿耳門媽等神尊迎回奉祀。至民國四十九年才正名為鹿耳門聖母廟。民國六十四年鹿耳門媽靈示籌建新廟，至民國七十年，三建聖母廟落成安座，並正名為「正統鹿耳門聖母廟」。

相傳因為舊廟被沖毀後，廟宇文物分別在兩處被居民尋獲，也各自籌資重建。所以與「台南市鹿耳門天后宮」都稱正統的鹿耳門媽祖香火的延續。

【香火鼎盛的故事】

民國一百零二年春節期間，「正統鹿耳門聖母廟」舉辦「創業基金擲筊比賽」，總計超過一萬五千人次報名參加，第一名以10杯勝出獲得創業基金200萬元獎金，第二名50萬元、第三名30萬元，開運獎十名，各獲得創業基金2萬。「創業基金擲筊比賽」目的在於鼓勵創業，且不必還金，希望藉此活動幫助有緣人創業，並在事業成功之後，能回饋社會、造福社會，幫助更多需要幫助的人。

▼創業基金擲筊比賽現場

必拜特色

鹿耳門媽顯神威，助鄭成功登陸鹿耳門，結束荷蘭統治

▲正統鹿耳門聖母廟釋迦牟尼佛

必看慶典

・天上聖母聖誕慶典
・鹿耳門媽鑽轎腳祈福

找廟地圖

主、副祀神明聖誕日（農曆）

天上聖母：三月二十三日	釋迦牟尼佛：四月八日
文殊菩薩：四月四日	普賢菩薩：二月二十一日
玉皇上帝：一月九日	天官大帝：一月十五日
地官大帝：七月十五日	水官大帝：十月十五日
月老公：八月十五日	

地址：台南市安南區城安路160號
電話：06-2577547

主祀神明　天上聖母

副祀神明　釋迦牟尼佛、文殊菩薩、普賢菩薩、玉皇上帝、天官大帝、地官大帝、水官大帝、月老公

鹿耳門天后宮

▲ 鹿耳門天后宮天上聖母

創建年代：明永曆十五年（西元1661年）

沿革簡介：西元1661年鄭成功率領四百餘戰艦抵達台灣鹿耳門外沙線，因水淺船隻無法行駛，鄭氏乃設香案焚香祝禱祈求媽祖助漲潮水；果然水升丈餘，順利登陸鹿耳門南岸北汕尾嶼，收復台灣。

　　「鹿耳門天后宮」，是鄭成功登陸後首建，當時信眾稱為「媽祖宮」。清康熙五十八年（西元1719年），由百官捐俸擴建為「天后宮」，同治十年（西元1871年），曾文溪改道，天后宮遭沖毀，「開基媽祖」神像暫祀民家，民國三十六年再重建，民國六十六年復重建，目前重建工程仍然持續中。

▼鹿耳門天后宮

【信仰特色】

　　天后宮舊廟歷經清道光年間水淹，到同治十年完全沖毀，確切遺址也已難查考。相傳因舊廟被沖毀後，廟宇文物、遺跡分別在兩處被居民尋獲，也各自籌資重建。所以與「正統鹿耳門聖母廟」都稱正統的鹿耳門媽祖。然而對信眾而言，兩間廟宇都是舊鹿耳門媽祖廟的香火延續。

【香火鼎盛的故事】

　　自民國八十一年元月起，鹿耳門天后聘請有關民俗、藝術、音樂、舞蹈、建築等方面的學者專家六十餘位組成「文化季籌備委員會」，共同規劃設計符合鹿耳門歷史、地理、人文、宗教與自然生態特色風格的藝文活動，歷時一年方完成活動計畫書，並於民國八十二年元月執行，展開長達三個月的文化季並持續舉辦至今。每年春節期間吸引眾多民眾的前往參與。

▲ 鹿耳門天后宮的十八般兵器

必拜特色

鹿耳門媽顯神威，助鄭成功登陸鹿耳門，結束荷蘭統治

▲ 鹿耳門天后宮的許願牌

必看慶典

· 鹿耳門天后宮文化季

找廟地圖

主、副祀神明聖誕日（農曆）

天上聖母：三月二十三日	註生娘娘：三月二十日
關聖帝君：六月二十四日	福德正神：二月二日
天官大帝：一月十五日	地官大帝：七月十五日
水官大帝：十月十五日	月老公：八月十五日

地址：台南市安南區媽祖宮一街136號
電話：06-2841386

86

三鳳宮

▲三鳳宮中壇元帥

創建年代：清康熙年間

沿革簡介：三鳳宮（舊名三鳳亭），所祀之主神為中壇元帥哪吒三太子，為三塊厝住民之守
護神，故又稱「三塊厝太子廟」。昔時本廟為茅葺草創，經過幾番擴展重修，
始成為略具規模之廟宇。同治九年同知張鑑道重修，其間在日治大正九年（西
元1920年）再重修一次，民國三十六年再重修，民國五十三年為打通建國三
路，廟前段抵觸道路被拆，乃擇地重建廟宇，即今三民區河北二路現址，建造
時間共七年，至民國六十年始完成，將「三鳳亭」改稱為「三鳳宮」。

▼三鳳宮

【信仰特色】

中壇元帥俗稱太子爺、三太子、哪吒三太子，即為《封神榜》中李靖的第三個兒子，名為李哪吒。在民間信仰中，道教將哪吒三太子封為「中壇元帥威靈顯赫大將軍」，統帥宮廟五營神兵（東、西、南、北、中）的中壇，所以簡稱為「中壇元帥」。

【香火鼎盛的故事】

三鳳宮一樓大殿奉祀主神中壇元帥哪吒三太子、福德正神、註生娘娘。中殿樓上為凌霄寶殿，奉祀玉皇上帝、南斗星君、北斗星君，供善信祈求延壽消災。後殿為大雄寶殿，供奉釋迦牟尼佛、文殊菩薩、普賢菩薩、觀世音菩薩、彌勒菩薩、十八羅漢。神佛靈威，香火旺盛，算是台灣規模最大的太子廟。

▲殿內光明燈

必拜特色

南台灣三大著名太子廟之一（新營太子宮、三鳳宮、覆鼎金保安宮）

▲三鳳宮橫匾

必看慶典

・農曆九月九日中壇元帥聖誕慶典
・農曆一月十五日讚元宵

找廟地圖

主、副祀神明聖誕日（農曆）

中壇元帥：九月九日	玉皇上帝：一月九日
天上聖母：三月二十三日	註生娘娘：三月二十日
福德正神：二月二日	釋迦牟尼佛：四月八日
觀音菩薩：二月十九日	文殊菩薩：四月四日
普賢菩薩：二月二十一日	彌勒菩薩：一月一日

地址：高雄市三民區
河北二路134號
電話：07-2871851

87

覆鼎金
保安宮

▲ 保安宮中壇元帥

創建年代：清光緒九年（西元1883年）

沿革簡介：「覆鼎金保安宮」座落於金獅湖畔，清咸豐年間，先民迎奉太子爺公神像至此，
蓋草廟暫奉太子爺公。至清光緒九年重修建廟，命廟名「保安宮」，俗稱「覆
鼎金廟」。民國七十七年擇地金獅湖畔重建。並於民國八十七年舉行慶成大
典。

▼覆鼎金保安宮

【信仰特色】

民國九十九年舉辦了第一屆哪吒盃全國歌唱大賽，到民國一百零二年已經連續舉辦了四屆。民國一百零一年為了建立民眾正確民俗觀念，藉由活動中接近金獅湖風景區的特色，舉辦「哪吒杯」全民路跑活動，以促進國人身體健康及注重養生的概念；並從事各種公益活動。是高雄市重要的宗教信仰、兼具休憩觀光與社會文化教育等多元的綜合活動聖地。

【香火鼎盛的故事】

殿內有安光明燈、太歲燈、財利燈、文昌燈、平安燈等，供信眾安燈祈福。為了方便民眾安燈、查詢，首創語音、觸控查詢系統，隨安隨查，操作簡易，方便迅速。為了服務香客，更備有可環視金獅湖畔的香客大樓，交通便利，美景盡收眼底。

▲保安宮內金錢龜

必拜特色

南台灣三大著名太子廟之一（新營太子宮、三鳳宮、覆鼎金保安宮）

▲ 覆鼎金保安宮內香爐

必看慶典

- 中壇元帥聖誕慶典
- 元宵節安燈科儀──新春大摸彩

找廟地圖

主、副祀神明聖誕日（農曆）

中壇元帥：九月九日	玉皇上帝：一月九日
天上聖母：三月二十三日	註生娘娘：三月二十日
福德正神：二月二日	二郎神君：六月二十四日
天官大帝：一月十五日	地官大帝：七月十五日
水官大帝：十月十五日	

地址：高雄市三民區鼎金一巷36號
電話：07-3509573

88

大發
開封宮包公廟

▲包公廟包府千歲

創建年代：民國五十八年（西元1969年）

沿革簡介：民國五十七年，命現任林總監芳清雕刻金身而前往東港靈帝殿取余之金靈並顯金
容於鳳邑建城雕刻社雕刻，遂有今日之金身。

民國六十八年二月，奉旨改名為「三龍殿忍善堂」。

民國六十九年七月初一，正式向高雄縣道教會申請核准，並於十一月十六日建
廟奠基破土大典。

民國七十一年更改廟名為「大發開封宮包公廟」。

▼大發開封宮包公廟

▲凌霄寶殿玉皇殿

【信仰特色】

　　馬國公與包公是同一原靈。

　　包公生於宋真宗咸平二年（西元998年）安徽合肥，名文正、字希仁、號拯。五歲拜寧老為師，十六歲進鄉士，後任職於開封，食俸公祿一生秉公廉明，忠誠效命朝廷，上體天心，公忠恤民，以清廉公正聞名於世，其廉潔公正、不攀附權貴，明斷冤屈並陰陽之訴，所以俗稱「包青天」、「包公」。

【香火鼎盛的故事】

　　開封宮包公廟分為三殿式建造，前殿中神龕供奉鎮殿主神——馬府千歲（馬國公）、溫府千歲、池府千歲、包府千歲、天上聖母，左右神龕供奉福德正神、註生娘娘，還有陪祀中壇元帥、虎爺將軍等。

　　中殿「佛祖殿」正神龕供奉釋迦牟尼佛、藥師佛、阿彌陀佛、文殊菩薩、普賢菩薩五佛，左右神龕供奉觀世音菩薩、天上聖母。

　　凌霄寶殿俗稱玉皇宮、天公廟，主供奉玉皇上帝，陪祀供奉三官大帝。

必拜特色

「包青天」明斷冤屈並陰陽之訴

▲白馬將軍與馬使爺

必看慶典

· 馬府國公聖誕慶典
· 春秋二祭

找廟地圖

主、副祀神明聖誕日（農曆）

馬府國公（包府千歲）：八月十五日	
馬府國公道壽：九月十五日	
池府千歲：六月十八日	溫府千歲：十一月一日
文衡聖帝：一月十三日（春祭）	
至聖先師：八月二十七日（秋祭）	
玉皇上帝：一月九日	天上聖母：三月二十三日
註生娘娘：三月二十日	福德正神：八月十五日
二郎神：六月十八日	

地址：高雄市大寮區開封街120號
電話：07-7880919

89 內門紫竹寺

▲內門紫竹寺觀音菩薩

創建年代：清康熙三十五年（西元1696年）

沿革簡介：「內門紫竹寺」的觀音佛祖原本只是郭元興郭氏家族的保護神，因「飛爐」神蹟顯赫而由庄民共同出資建寺，南北信徒慕名前來參拜者日眾，內門紫竹寺已成為全省最具歷史與規模的「觀音媽廟」之一。

分別在乾隆十七年（西元1752年）、嘉慶十九年（西元1814年）、光緒九年（西元1883年）及日治大正十七年（西元1928年）重修。直到民國五十七年七月廿三日，因建築物久經風吹雨蝕日曬，已顯破舊不堪，因此決議重建，即今日所見巍峨大廟。

▼內門紫竹寺

【信仰特色】

　　內門紫竹寺觀音佛祖遶境活動，已有兩百多年歷史。習俗上是以「辦三年，歇三年」，如此循環不息。在農曆二月十九日觀音菩薩聖誕前，一連四天（農曆二月十四日至十七日），遶境內門境內，祈求掃除邪惡瘴癘、闔家平安。

【香火鼎盛的故事】

　　內門紫竹寺歷年來努力推動民俗技藝，每年三月份「宋江陣」活動，在台灣南部都掀起廟會高潮，內門區許多國中、小學也都有青少年藝陣加入。內門「宋江陣」嘉年華會至民國一百零二年止已連續舉辦十二年，由政府及內門三大廟宇（內門紫竹寺、內門南海紫竹寺、順賢宮）共同辦理。交通部觀光局並指定為「台灣地區十二項大型地方節慶活動」。

▲內門總鋪師台灣功夫菜示範中心

必拜特色

最具歷史與規模的「觀音媽廟」；內門「宋江陣」嘉年華會

▲內門紫竹寺的祈願牌

必看慶典

・農曆二月十九日觀音佛祖聖誕、六月十九日得道日、九月十九日出家日，三個紀念日慶典

找廟地圖

主、副祀神明聖誕日（農曆）

觀音菩薩：二月十九日
釋迦牟尼佛：四月八日
地藏王菩薩：七月三十日
福德正神：二月二日
文昌帝君：二月三日

地址：高雄市內門區中正路115巷18號
電話：07-6671602

90

内門
南海紫竹寺

▲內門南海紫竹寺主祀觀音菩薩

創建年代：民國六十五年（西元1976年）

沿革簡介：民國五十七年二月九日（農曆正月十一日），紫竹寺三佛祖到現址勘查廟地。
　　　　　民國五十七年三月二十五日（農曆二月二十七日子時）由當時內門鄉農會總幹
　　　　　事胡文賢先生主持動土典禮，隨即動工。
　　　　　歷經九年興建，於民國六十五年十二月二十五日（農曆十一月五日）竣工，週
　　　　　邊建築及設備隨後也陸續完工。

▼內門南海紫竹寺

▲內門南海紫竹寺分靈觀音菩薩

【信仰特色】

　　「內門南海紫竹寺」與「內門紫竹寺」的淵源都是相同的，因地方派系的原因，以往兩座廟宇都各自舉辦廟會活動。在「2010年高雄內門觀音佛祖文化季」系列和內門「宋江陣」嘉年華會的種種活動推動下，兩廟破除過往成見，共同推廣內門的文化藝陣與總舖師美食。

【香火鼎盛的故事】

　　高雄內門區的民俗藝陣保存完整，廟旁有「宋江兵器展示館」展示各種宋江兵器文物，每年三月份的內門「宋江陣」嘉年華會中的陣頭、總舖師美食宴、「全國大專院校創意宋江陣頭大賽」、遶境祈福，將傳統文化與創新融合，每年吸引數十萬人次觀光人潮。內門「宋江陣」嘉年華會至民國一百零二年止已連續舉辦十二年，由政府及內門三大廟宇（內門紫竹寺、內門南海紫竹寺、順賢宮）共同辦理。交通部觀光局並指定為「台灣地區十二項大型地方節慶活動」。

必拜特色

內門三大廟宇之一：內門「宋江陣」嘉年華會

▲宋江兵器展示館

必看慶典

・農曆二月十九日觀音佛祖聖誕、六月十九日得道日、九月十九日出家日
・內門「宋江陣」嘉年華會

找廟地圖

主、副祀神明聖誕日（農曆）

觀音菩薩：二月十九日
地藏王菩薩：七月三十日
福德正神：二月二日

地址：高雄市內門區內豐里內埔82號
電話：07-6671400

91 內門
南海紫竹林寺

▲南海紫竹林寺主祀紅面觀音

創建年代：民國五十六年

沿革簡介：內門南海紫竹林寺主祀紅面觀音、濟公活佛。「紅面觀音佛祖」入世救苦，屢屢
　　　　　顯化成紅面的觀音，救世眾信離苦，救人神蹟不斷，有求必應，也因此在信徒
　　　　　口耳相傳之下一一傳開。觀音佛祖紅面化身、恭戴五佛帽，為全台的第一間紅
　　　　　面觀音廟宇。

▼南海紫竹林寺

▲南海紫竹林寺福德正神

【信仰特色】

「內門紫竹寺」、「內門南海紫竹寺」都是內門有名的觀音廟。在離內門南海紫竹寺不到三公里的「內門南海紫竹林寺」，於民國九十二年間，三立台灣台「戲說台灣」曾經到過此地拍攝《紅面觀音》戲劇，紅極一時，也讓許多信眾得知了內門的紅面觀音，自此香客絡繹不絕。雖然建廟時間不長，卻是全台第一的紅面觀音總廟。

來到內門必拜的三大觀音廟：「內門紫竹寺」、「內門南海紫竹寺」、「內門南海紫竹林寺」。

【香火鼎盛的故事】

內門南海紫竹林寺的紅面觀音佛祖，在民國九十八、九十九年舉辦的擲筊祈福贈汽車活動期間，曾數度展現救人神蹟而造成轟動，引起各媒體爭相報導。每年農曆九月十九日也都會舉行護國祈安大法會；民國一百零二年更擴大舉辦「內門紅面觀音佛祖暨全國六十九宮廟合辦萬佛神聖護台灣——護國祈安大法會」，祈求國泰民安、風調雨順、闔家平安，功德圓滿。

必拜特色

「紅面觀音佛祖」全台的第一間紅面觀音廟宇

▲南海紫竹林寺虎爺

必看慶典

· 農曆九月十九日護國祈安大法會

找廟地圖

主、副祀神明聖誕日（農曆）

觀音菩薩：二月十九日
觀音菩薩得道日：六月十九日
觀音菩薩出家日：九月十九日
濟公禪師：二月二日
福德正神：二月二日

地址：高雄市內門區東埔里望寮13號
電話：07-6672691

▲ 關聖帝君、周倉將軍關平太子

高雄關帝廟

創建年代：據廟方沿革載，為元世祖三十年（西元1293年）

沿革簡介：高雄關帝廟原名「關帝廳」，清同治三年（西元1864年）仲春，曾元福重修；清光緒
　　　　　十七年（西元1891年），舉人盧德祥再重修關帝廟。二次大戰後改名「五塊厝武
　　　　　廟」。民國六十一年春，信徒大會決議重建，民國六十三年動工，民國六十六年竣
　　　　　工。民國六十九年，陸軍一級上將何應欽將軍蒞臨贈「高雄關帝廟」匾額，此後即改
　　　　　稱為「高雄關帝廟」。

▼高雄關帝廟

【信仰特色】

一樓財神殿奉祀五路財神、四面佛，保庇經商者財源廣進。

二樓奉祀主神關聖帝君、關平太子、周倉將軍、斗姥元君、六十甲子太歲星君、福德正神、註生娘娘、文昌帝君、魁斗星君、倉頡先師、月下老人、魯班先師。

三樓奉祀觀世音菩薩、釋迦牟尼佛、文殊菩薩、普賢菩薩、十八羅漢、韋馱將軍。

【香火鼎盛的故事】

高雄關帝廟主祀關聖帝君，以青銅鑄製聖像座姿高達十八尺，全台首屈一指。廟內保存的古蹟不少，除了有元朝時代的古石碑，和清康熙所測量繪製的「台灣輿圖」可推測出關帝廟創建年代之久遠外；另有大明宣德銅鑄香爐、明朝鄭芝龍敬勒石香爐、清咸豐石香爐等，都是極具有歷史價值的文物。

▲ 殿內赤兔神馬

必拜特色

歷史淵源悠久的關帝廟；求財、求福、求姻緣，心誠必應

▲金牛黃金萬兩

必看慶典

・關聖帝君聖誕慶典
・農曆八月十五日月老姻緣法會

找廟地圖

主、副祀神明聖誕日（農曆）

關聖帝君：六月二十四日	五路財神：三月十五日
註生娘娘：三月二十日	福德正神：二月二日
周倉將軍：十月二十三日	關平太子：五月十三日
魯班先師：五月七日	文昌帝君：二月三日
月下老人：八月十五日	觀音菩薩：二月十九日

地址：高雄市苓雅區武廟路52號
電話：07-7218782

93 旗津天后宮

創建年代：明永曆二十七年（西元1673年）

沿革簡介：「旗津天后宮」原名「旗後天后宮」。明永曆二十七年，閩籍漁民徐阿華於海峽漁撈遇颱，船筏隨波漂蕩而擱淺於旗後，徐氏目睹旗後依山傍海，為居棲與撈捕之樂土，遂回故梓接眷定居，且說服同鄉漁民洪應等六戶同行，又隨身迎奉媽祖神像來台，在現址搭祠供祀，名為「媽祖宮」，即為旗津天后宮的前身。民國六十八年內政部暫定為國家三級古蹟。民國七十四年內政部核定為國家三級古蹟。

▲主祀天上聖母

▼旗津天后宮

▼清康熙十二年的古鐘，歷史悠久

▼殿內古神轎

【信仰特色】

　　天后宮是一座文化寶藏，廟的建築、明永曆二十七年的旗津媽祖神像和石雕香爐、清道光年間的王爺船、光緒十二年（西元1886年）鑄造之古銅鐘、光緒十五年（西元1889年）「鑒觀不爽」匾額、光緒十六年（西元1890年）「修善堂」匾額等等，均屬無價的文化遺產。

▲王船和行船討海平安燈

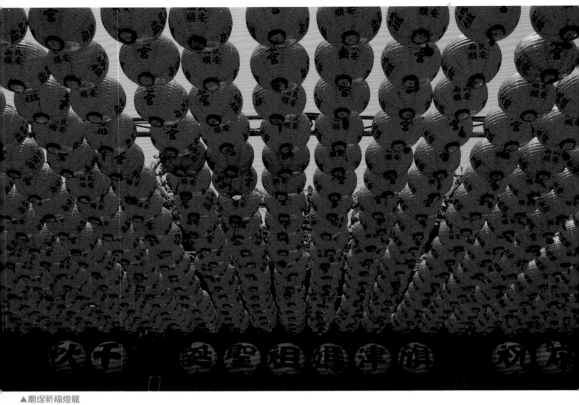

▲廟埕祈福燈籠

▼天后宮三川門

【香火鼎盛的故事】

要到旗津天后宮可以從過港隧道或者選擇從鼓山輪渡站搭船到旗津輪渡站，旗津輪渡站出口處的前方就是旗津天后宮，搭乘渡輪迅速方便又可以欣賞高雄港風光。廟旁就是旗津最有名的海產街，來天后宮拜拜，可以顧媽祖又可以顧肚子。顧完肚子再坐觀光三輪車（古早的計程車）漫遊一下旗津的大街小巷；參拜媽祖、古蹟巡禮、觀光、美食全部兼顧。

▲許願亭

▲天公爐

必拜特色

高雄市最古老的寺廟之一

▲旗津天后宮立匾

必看慶典

・天上聖母聖誕慶典

找廟地圖

主、副祀神明聖誕日（農曆）

天上聖母：三月二十三日
臨水夫人：一月十五日
註生娘娘：三月二十日
福德正神：二月二日
三山國王：二月二十五日

地址：高雄市旗津區廟前路93號
電話：07-5712115

主祀神明 天上聖母

副祀神明 臨水夫人、註生娘娘、福德正神、三山國王

鳳山天公廟

▲鳳山天公廟玉皇大帝

▼鳳山天公廟

創建年代：清嘉慶三年（西元1798年）

沿革簡介：初期以土階茅茨所建，原廟名「鳳邑玉皇宮」，俗稱「鳳山
天公廟」。至清咸豐三年（西元1853年）由地方士紳林江河
集資依古式廟宇，改建為磚造瓦頂，古樸典雅。民國六十一
年正月動工改建為二樓式玉皇宮，將正殿移至二樓，敬祀玉
皇上帝，後殿奉祀儒、道、釋三教主，樓下正殿奉祀五斗星
君、太歲星君、十二生肖等。至民國六十四年十二月歷時四
年，始完成傳統廟宇建築。

【信仰特色】

　　一樓正殿奉祀五斗星君，左右則奉祀太歲星君、十二生肖神尊；右偏殿奉祀文昌帝君、太陽星君、福德正神；左偏殿奉祀註生娘娘、太陰星君、月老神尊。

　　二樓正殿敬祀玉皇上帝，金童玉女隨侍於兩旁。左右為南北斗星君，神桌前張天師、王天君、李天王、趙天君侍奉於前。右偏殿奉祀三官大帝，左偏殿奉祀三教主。

【香火鼎盛的故事】

　　鳳山天公廟為落實傳統信仰，積極推展廟務，設立「天公廟學苑」開辦各項藝文課程。且每年發放學校學生清寒獎助金及發放白米給低入戶，幫助弱勢，對於社會公益慈善事業不遺餘力。亦期藉此宏揚儒、道、釋之精神，普濟眾生、勸化人心向善，美化民眾信仰生活。

▲鳳山天公廟九龍牆銅雕

必拜特色

諸天之帝、仙真之王、聖尊之主

▲天公爐

必看慶典

· 農曆一月九日「天公生」

找廟地圖

主、副祀神明聖誕日（農曆）

玉皇上帝：一月九日
天官大帝：一月十五日
地官大帝：七月十五日
水官大帝：十月十五日
註生娘娘：三月二十日
福德正神：二月二日
月老神君：八月十五日

地址：高雄市鳳山區光明路151號
電話：07-7470787

▲ 文武聖殿關聖帝君

高雄文武聖殿

創建年代：民國四十五年

沿革簡介：文武聖殿之肇建緣起於日治時期，大正十年（西元1921年），農曆六月二十四
日關聖帝君聖誕，信眾奉請澎湖紅毛城武聖廟關帝君神像來台，值年輪祀。

大正十四年，由於信眾日增，為了便利信徒參拜，於是租屋奉祀關聖帝君。

昭和二年（西元1927年），信眾購屋三棟，改建為殿堂，稱「武聖殿」。

民國三十九年，覓得理想廟地，並經由信徒大會決議合祀文武二聖，民國
四十五年建廟完成。

▼文武聖殿

【信仰特色】

一樓正殿主祀文衡聖帝（關聖帝君），信徒均尊稱為「聖帝祖」，大帝祖坐鎮於中，左右各為二帝祖、三帝祖。

三樓為大成殿主祀大成至聖先師，配祀亞聖、宗聖、復聖、大魁夫子、文昌帝君及七十二先賢、先儒。

五樓凌霄寶殿奉祀玉皇大天尊、三官大帝、南斗、北斗星君。

【香火鼎盛的故事】

大成殿每逢考季，家長陪同考生紛紛前來祈福，案桌上堆滿了准考證、文昌筆、學士筆、蔥（聰明）、芹菜（勤學）、白蘿蔔（好彩頭）、粽子（包中）、包子（包上）、竹筍（順利）等供品，以祈求考試順利。

▲文武聖殿正殿

必拜特色

人在做天在看，舉頭三尺有神明

▲殿內考生祈福

必看慶典

· 關聖帝君、大成至聖先師聖誕慶典活動

找廟地圖

主、副祀神明聖誕日（農曆）

關聖帝君：六月二十四日
大成至聖先師：國曆九月二十八日
玉皇大天尊：一月九日
文昌帝君：二月三日
天官大帝：一月十五日
地官大帝：七月十五日
水官大帝：十月十五日
福德正神：二月二日
中壇元帥：九月九日

地址：高雄市鹽埕區富野路170號
電話：07-5514712

96

▲屏東車城福安宮福德正神

屏東車城福安宮

創建年代：明永曆十六年（西元1662年）

沿革簡介：先民為求得驅除瘟疫、開墾順利，遂自福建泉州府雕塑「福德正神」尊神，迎奉
到車城建廟奉祀，稱為「敬聖亭」。民國四十年募資改建，並經前副總統陳誠
賜匾命名為「福安宮」，至民國四十六年竣工。

民國六十九年擴建為三進六殿的廟殿，民國七十六年竣工並入火安座，其廟貌
宏偉，堪稱全台最大的土地公廟。

▼屏東車城福安宮

【信仰特色】

　　正殿奉祀主神福德正神、配祀太歲星君、註生娘娘。四樓奉祀觀世音菩薩、文殊師利菩薩、藥師佛菩薩。六樓前殿為文昌殿，奉祀文昌帝君、孚佑帝君；大殿為凌霄寶殿，奉祀玉皇上帝、三官大帝、南斗星君、北斗星君。

【香火鼎盛的故事】

　　每年農曆二月二日、八月十五日廟前廣場都會舉辦盛大的廟會慶典活動，並有「平安發財米」供信徒索取，以祈求財運亨通。也因為全台各地信徒眾多，特聘請名寺廟設計師梁紹英先生設計金爐；大金爐為三重簷的八角形建築，信眾可將金紙放於爐口前，利用熱氣上升的原理產生氣旋，金紙會自動吸入爐內，所以有「神明點鈔機」之稱。

▲補運財庫金

必拜特色

全台最大的土地公廟；神明點鈔機金爐

▲平安發財米

必看慶典

· 農曆二月二日福德正神聖誕慶典
· 農曆八月十五日福德正神得道日慶典

找廟地圖

主、副祀神明聖誕日（農曆）

福德正神：二月二日
福德正神得道日：八月十五日
玉皇上帝：一月九日　　　天上聖母：三月二十三日
註生娘娘：三月二十日　　武財神：三月十五日
文昌帝君：二月三日　　　觀音菩薩：二月十九日

地址：屏東縣車城鄉福安路51號
電話：08-8821345

97

東港東隆宮

創建年代：清康熙四十五年（西元1706年）

沿革簡介：清光緒二十年遷址重建，民國三十六年再次重建。
民國六十六年擴大重建，並於民國七十三年竣工落成。
民國八十六年改建牌樓為山門並建醮。完成後的東港東隆宮
金碧輝煌，氣勢磅礴。

▲東港東隆宮溫府王爺

▼東港東隆宮

▼東港東隆宮境主尊神

【信仰特色】

　　東港東隆宮主祀溫府千歲。溫王原是唐朝進士，於奉旨巡行天下時，遇難而亡，成神之後，常巡行閩、浙沿海，佑護往來船隻。康熙四十五年，東港海岸「太監府」附近，即舊稱崙仔頂（今鎮海里）海灘上，一夜之間大批自福建潮沖而來的木材，上有「東港溫記」字樣。當地民間傳聞溫王亦曾顯靈指示，欲在太監府舊址建廟。東港信徒乃籌資建廟，並聘請名師雕刻溫王金身，擇吉安座。

【香火鼎盛的故事】

　　東隆宮以農曆地支丑、辰、未、戌年，三年一科的「迎王祭典」，聞名全台。「迎王祭典」從請王道送王為期八天。祭典活動總共需要十三個主要程序步驟來完成，程序如下：
1.「角頭職務的輪任」、2.「造王船」、3.「中軍府安座」、4.「進表」、5.「設置代天府」、6.「請王」、7.「過火」、8.「出巡遶境」、9.「祀王」、10.「遷船」、11.「和瘟押煞」、12.「宴王」、13.「送王」等。壯觀威嚴的王船、參與的信眾、寺廟、陣頭眾多，其盛況規模堪稱全國之最。

必拜特色

「東港迎王平安祭典」國家無形文化資產

▲東港東隆宮水僊尊王

必看慶典
· 農曆十一月一日溫府王爺聖誕
· 三年一科迎王祭典

找廟地圖

主、副祀神明聖誕日（農曆）

溫府王爺：十一月一日	註生娘娘：八月十五日
福德正神：二月二日	玉皇上帝：一月九日
觀音佛祖：二月十九日	水僊尊王：十月十日
境主尊神：五月十二日	太上老君：二月十五日

地址：屏東縣東港鎮東隆街21-1號
電話：08-8322374

98

枋山
五路財神廟

▲屏東枋山五路財神廟武財神

創建年代：民國八十九年
沿革簡介：「枋山五路財神廟」原座落於屏東縣枋山鄉枋山村中山路三
　　　　　段52-10號，於民國九十九年遷建於中山路三段38-8號（位
　　　　　於枋山鄉省道台一線455公里處，7-11便利超商旁），目前
　　　　　仍擴大興建中，以「最會開獎的財神廟」著稱。

◀屏東枋山五路財神廟內神石

▼屏東枋山五路財神廟拜殿

▲廟旁的福德宮

【信仰特色】

　　來到財神廟最主要當然是求財，一般人大部分求的都是屬於工作上、事業方面的「正財」，但「枋山五路財神廟」最大的特色是在「偏財」。雖然廟方也有介紹如何求正財，但顯然來的香客都意在於，來向財神爺借百元「發財金」，買個樂透中大獎。廟裡的籤筒也與其他廟宇不同，不是籤詩，而是求樂透號碼的「發財籤」。

【香火鼎盛的故事】

　　據傳有至少五位千萬、億萬頭彩得主，是經由財神廟的彩球機或發財籤而中獎，也都有回饋不少功德金於廟方。這些傳說，帶給每一位來求財的信眾無限希望，個個有期望。但仍應保持心誠則靈，切勿沉迷的心境。

▲殿內發財籤

必拜特色

「最會開獎的財神廟」

▲祈福亭

必看慶典

・五路財神聖誕慶典

找廟地圖

主、副祀神明聖誕日（農曆）

五路財神：三月十五日
關聖帝君：六月二十四日
福德正神：二月二日
濟公禪師：二月二日
文昌帝君：二月三日
玄天上帝：三月三日

地址：屏東縣枋山鄉枋山村中山路三段38-8號
電話：08-8761619

屏東枋山五路財神廟

東區

宜蘭
四結福德廟
礁溪協天廟

台東
台東天后宮

99

四結福德廟

▲宜蘭四結福德廟福德正神

創建年代：清光緒元年（西元1875年）

沿革簡介：四結福德廟創建於清光緒元年，由士紳集資興建於現址，名為福德祠；初始雕刻福德正神乙尊供奉，光緒三十三年（西元1907年）興建新廟，廟內主供福德正神並供五穀王公。

　　　　　民國七十七年農曆八月動工重建，民國七十九年竣工，於民國八十年農曆十月正式落成。拜亭等附屬建築則到民國八十一年農曆八月竣工，廟內增供媽祖神像乙尊。

　　　　　民國八十三年九月，後殿開始動工興建，民國八十八年十二月十九日全國最大尊金身土地公安座後殿一樓。

▼宜蘭四結福德廟

【信仰特色】

民國八十八年全國最大尊金身土地公安座後殿一樓，金身土地公，外披純金一千六百兩，身高一九六公分（六尺六寸），造價非凡！金光閃閃的土地公，更能讓信徒感受到金銀財富就在身旁，祈求事業順利、財源廣進。民國九十五年，後殿四樓頂完成安座全國最高最重之銅雕土地公，並成為宜蘭縣新地標。自此，最「貴」、「重」的土地公就在「四結福德宮」。

【香火鼎盛的故事】

四結福德宮於每年農曆春節時（農曆正月初一至元宵十五）舉辦「陪金身土地公過新年」的活動有送神、放天燈、守歲、花燈展、吃紅蛋、求紅包等。農曆二月初二福德正神聖誕舉辦祝壽大典、過金火活動。中秋節也是福德正神千秋，舉辦的「中秋五穀大神龜」活動，則是由行政院文建會與宜蘭縣政府共同指導廟方承辦。

▲福德廟正殿招寶財神

求功名、財富、姻緣三合一之朝拜勝地；全國最高最重之銅雕土地公

必看慶典

· 春節元宵花燈展、吃紅蛋、求紅包
· 農曆二月二日福德正神聖誕祝壽大典、過金火活動
· 農曆八月十五日福德正神千秋
　——中秋五穀大神龜

找廟地圖

主、副祀神明聖誕日（農曆）

福德正神：二月二日	天上聖母：三月二十三日
天官大帝：一月十五日	地官大帝：七月十五日
水官大帝：十月十五日	文昌帝君：二月三日

地址：宜蘭縣五結鄉福德路68號
電話：03-9650428

▲福德廟純金土地公

▲福德廟金土地婆

100

礁溪協天廟

▲礁溪協天廟鎮殿關聖帝君

創建年代：清嘉慶九年（西元1804年）

沿革簡介：創建初期只有茅屋三間，只奉祀關聖帝君。清咸豐七年（西元1857年），改為
土牆瓦頂，並增建東西廂房及兩房護廊，以供香客休憩。清同治六年（西元
1867年），鎮台使劉明燈提督巡察噶瑪蘭廳，表請勅建「協天廟」。
民國五十七年六月興工重建。民國六十八年農曆三月完工；之後又連續建忠義
大樓，至民國七十三年完成。

▼礁溪協天廟

【信仰特色】

礁溪協天廟奉祀關聖帝君，由來已久。先有林氏先人林楓者，係福建省漳州府平和縣人，為訟事進京控告。途經東山縣（銅山）東城，聽聞關聖帝君非常靈驗，於是進廟中懇求神明保佑。抵京城後果然勝訴，得雪其冤。歸途再度進廟叩謝，並在神前祈求，獲帝君蒙准，奉爐丹分靈回鄉，雕塑金身神像，春秋致祭。其後林楓的後裔林應獅、林古芮、林玉梓、林添郎等攜眷，共赴銅山關帝廟，分靈關聖帝君神像來台，建廟奉祀。

【香火鼎盛的故事】

殿中的文武帝是以蠶絲製成的關公像，要先以竹、木片做成模型，讓蠶兒在模型上吐絲後，再塗上塗料而成，製作細密、層次分明，神韻栩栩如生，十分罕見，是出自大陸福洲沈紹安蘭記工匠之手。

▲礁溪協天廟關聖帝君大刀

必拜 特色

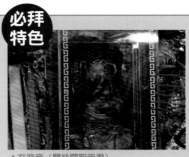

▲文武帝（蠶絲關聖帝君）

文武帝——蠶絲關公、護國庇民

必看慶典

・農曆一月十三日春祭：關聖帝君飛昇日
・農曆六月二十四日秋祭：關聖帝君誕辰日

找廟地圖

主、副祀神明聖誕日（農曆）

關聖帝君：六月二十四日	觀音菩薩：二月十九日
福德正神：二月二日	關平太子：五月十三日
周倉將軍：十月二十三日	

地址：宜蘭縣礁溪鄉中山路一段51號
電話：03-9882621

礁溪路四段

大忠路

礁溪協天廟

員山路正中

101 台東天后宮

▲台東天后宮鎮殿天上聖母

創建年代：清光緒十七年（西元1891年）

沿革簡介：原廟地址建於現台東市和平街之東禪寺，日治昭和五年（西元1930年）因地震龜裂，決定遷建。由善士吳錦麟先生捐出現址一千六百餘坪土地，地方聞人林舍、陳冬路、賴金木、張宜春、林江寧等人，向全台各地信徒籌募經費。建於今中華路現址；歷時三年，昭和八年落成。

民國三十四年台灣光復後，賴金木等發起募捐將廟宇重予整修，民國三十七年三月完工。

▼台東天后宮

【信仰特色】

　　每年的「元宵遶境」是台東天后宮的重頭戲，每年參加遊行的不同廟宇隊伍數，平均約在七十隊左右；除了傳統的神轎外，五營及七爺、八爺、三太子、電音五營陣、藝閣、花車、龍陣、獅陣、宋江陣、家將團、官將首、八家將、八仙藝陣、鍾馗藝陣、班頭陣、花籃陣、高蹺陣、跳鼓陣、大鼓陣、車鼓陣、鬥牛陣、蜈蚣鼓、響天鼓、震天鑼等各種陣頭都會在遊行的隊伍中出現，是極富有歷史價值的傳統民俗文化。

【香火鼎盛的故事】

　　「炮炸寒單爺」是早期元宵節時特有的民俗活動，寒單爺是掌管天下四方財庫的武財神趙公明。相傳寒單爺怕冷，所以當寒單爺出巡時，信眾們會以火炮幫寒單爺暖身。民國九十六年「炮炸肉身寒單爺」的活動，台東縣政府公告為「具文化資產保存價值」，是元宵節來台東時必看的表演。

▲台東天后宮太歲殿

必拜特色

▲殿內文昌帝君

媽祖庇佑、古老民俗文化傳統之延續流傳

必看慶典

・農曆三月二十三日媽祖聖誕慶典
・元宵節「諸神遶境」、「炮炸寒單爺」

找廟地圖

主、副祀神明聖誕日（農曆）

天上聖母：三月二十三日　　註生娘娘：三月二十日
福德正神：二月二日　　　　觀音菩薩：二月十九日
文昌帝君：二月三日

地址：台東縣台東市中華路一段222號
電話：089-310120

國家圖書館出版品預行編目資料

行！來去拜拜——101座台灣香火鼎盛的廟宇／禿鷹著.
--初版. --台中市：晨星, 2014.01
288面；16*22.5公分. -- (台灣地圖；033)

ISBN　978-986-177-764-1（平裝）
1.寺廟 2.民間信仰 3.臺灣

272.097　　　　　　　　　　　　　102017286

台灣地圖033

行！來去拜拜——101座台灣香火鼎盛的廟宇

作者	禿鷹
主編	徐惠雅
執行編輯	胡文青
校對	胡文青、禿鷹、凃依彣
美術編輯	林恒如
封面設計	黃聖文

創辦人	陳銘民
發行所	晨星出版有限公司
	台中市407工業區30路1號
	TEL：04-23595820　FAX：04-23550581
	E-mail：service@morningstar.com.tw
	http：//www.morningstar.com.tw
	行政院新聞局局版台業字第2500號
法律顧問	甘龍強律師
初版	西元2014年01月06日
郵政劃撥	22326758（晨星出版有限公司）
讀者服務專線	04-23595819#230

印刷	上好印刷股份有限公司

定價 **450**元

ISBN　978-986-177-764-1
Published by Morning Star Publishing Inc.
Printed in Taiwan
版權所有 翻印必究（如有缺頁或破損，請寄回更換）

廣告回函
台灣中區郵政管理局
登記證第267號
免貼郵票

407
台中市工業區30路1號

晨星出版有限公司

f 晨星自然 🔍

天文、動物、植物、登山、生態攝影、自然風DIY……各種最新最夯的自然大小事，
盡在「晨星自然」臉書，快點加入吧！

請沿虛線摺下裝訂，謝謝！

回函福氣好禮三重送！

凡填妥問卷後寄回晨星，並隨附70元郵票（工本費），即贈送護身符（兩份）及《版畫台灣》（乙本），限量送完為止。

第一重福氣好禮
【護身符三選二，立即送】

台南仁壽宮
香包護身符、發財金

林口洪福宮3D
立體護身符

隨選立即送！（贈品以實物為準）

第二重福氣好禮
台灣民俗藝術好書
《版畫台灣》（原價350元），
立即送！

第三重福氣好禮
【豐富獎品等您來】

f 搜尋 / 晨星圖解台灣 🔍

2014年【點石成金網路
博筊大賽】5 次機會，立
即送！
統一以Email寄送登錄序
號
詳情請進入[圖解台灣FB]
及網路拜拜網http://www.
baibai.com.tw/IWin